U0137667

"思明记忆之厦门海洋历史文化丛书"编委会

顾问：黄碧珊　姚玉萍
主任：叶细致　苏金赞
副主任：郭银芳　王　磊
常务副主任：吴淑梅
主编：陈　耕
委员：陈复授　蔡亚约　符坤龙
　　　　韩栽茂　黄锡源　蔡少谦

闽南人下南洋

思明记忆之厦门海洋历史文化丛书

厦门市思明区文化馆
厦门市闽南文化研究会 编

蔡亚约 著

海峡出版发行集团
THE STRAITS PUBLISHING & DISTRIBUTING GROUP

鹭江出版社
LUJIANG PUBLISHING HOUSE

2020年·厦门

总　序

2016年受思明区文化馆的委托，厦门市闽南文化研究会配合厦门市非物质文化遗产保护中心、厦港街道等在沙坡尾设计、建设送王船展示馆。展示馆建成后，来参观的人很多，当时文化部非遗司的领导和专家观看后，对于在这样简陋的条件下能有这样的展示很是称赞。思明区文化馆于是进一步和厦门市闽南文化研究会商定共同编撰出版这套"思明记忆之厦门海洋历史文化丛书"，委托我担任这套丛书的主编。厦门市闽南文化研究会于是成立了"厦门海洋文化研究课题组"，成员除几位作者之外，还有海沧区闽南文化研究会的几位年轻人。

2017年，习近平总书记在金砖国家领导人厦门会晤时对厦门文化作了高度的概括，他说，"厦门还是著名的侨乡和闽南文化的发源地，中外文化在这里交融并蓄，造就了它开放包容的性格和海纳百川的气度"。

这段话内涵丰富：厦门在近现代的发展中秉持开放包容、海纳百川的理念，创新、创造了体现中外文化美美与共的新闽南文化，引领了闽南文化在近现代的创新发展，是近现代闽南文化的发源地。

讲厦门离不开闽南，讲闽南也离不开厦门。只有全面深刻了解几千年来闽南人与海洋的关系，及其所构建的闽南海洋文化，才可能真正了解厦门在其中所发挥的作用。不了解闽南，无以解读厦门；当然不了解厦门，也不能全面完整地解读闽南。厦门海洋历史文化，必须从闽南海洋文化说起。

闽南文化区别于其他地域文化最重要的特征就是它的海洋性。把"海"字拆解可知：水是人之母，海洋是生命的摇篮。山海之间的闽南，与海洋结下了不解之缘。不理清闽南海洋文化，就不能真正认识、理解闽南文化。

习近平总书记在致 2019 中国海洋经济博览会的贺信中指出：海洋对人类社会生存和发展具有重要意义，海洋孕育了生命、联通了世界、促进了发展。

党的十九大报告明确提出：坚持陆海统筹，加快建设海洋强国。

当今世界，海洋占地球面积的 71%；世界 GDP 的 80% 产生于沿海 100 公里地带；世界贸易的 90% 是通过海运实现的。[①] 世界最发达的地区是纽约湾区、旧金山湾区、东京湾区。中国最发达的地区，是珠三角、长三角、环渤海地区。现在中国正在推动粤港澳大湾区建设。

人类向海洋、向港口海湾型城市的集聚和靠拢，已经成为发展趋势。

世界发展的另一个趋势是世界经济重心向亚洲转移。过去 500 年，经济全球化是以西方为中心的。进入 21 世纪，以东亚和金砖国家为代表的发展中国家迅猛崛起。

---

① 王义桅：《世界是通的——"一带一路"的逻辑》，商务印书馆，2016 年版，第 5 页。

2018 年，发展中国家在世界经济中所占的比重已经超过了 40%，西方发达国家所占的比重从曾经的将近 90% 降到 60%。世界经济呈现出东西平衡、南北平等的趋势，标志着以西方为中心的经济全球化正在结束，构建人类命运共同体的经济全球化新时代已经开启。

我们必须在这两个世界潮流中，以长时段、全局性、动态性的历史思维来重新认识、重新定位闽南文化。

闽南的历史，可以说就是四个港口的历史。（1）宋元时期的泉州刺桐港，曾经是世界海洋贸易的中心，创造了许许多多彪炳于世的文化。（2）明朝时的漳州月港，打破明王朝的海禁，成为中国迎接大航海时期经济全球化第一波浪潮的最大对外贸易港口，创造了克拉克瓷等传播世界的文化精品。（3）清代以后的厦门港，曾经是闽台对渡的唯一口岸，又是闽南人过台湾、下南洋的出发地和归来港口。厦门工匠还改进福船，创制了同安梭船，并以蔗糖、茶叶、龙眼干等闽南农产品的商品化，推动了海洋文化与农耕文化相融合的闽南海洋文化在清代的发展。鸦片战争以后，厦门学习工业文明，推动了闽南文化的现代化，培育了许多中国近代的杰出人物。（4）1949 年后，由于西方的封锁，香港和台湾在后来的 30 年里成为中国仅有的对外开放区域，台湾的高雄港一度成为世界第三大的港口，台湾的闽南语流行歌曲、电视歌仔戏、电视布袋戏成为 20 世纪下半叶闽南文化创新发展的典型。

历史证明，闽南最大的港口在哪儿，哪里就引领闽南文化的创新与发展；闽南的海洋文化是千百年来闽南文化生生不息的重要发展动力，是中国海洋历史文化的杰出代表。

2017 年，厦门和漳州的 12 个港区组成的厦门港，其集装箱吞吐量超过高雄港，成为世界第十四大港口。厦门，又一次成为闽台最大的航运中心。

在世界走向海洋、走向湾区的大趋势中，在港口引领闽南经济社会文化发展的历史经验里，新时代闽南文化研究将何去何从？

为了更美好的明天，我们必须以新视野、新思维、新方法重新认识、重新梳理闽南海洋文化，重新总结闽南海洋文化历史给我们提供的经验、教训和智慧，充分发挥闽南文化的作用，推动构建 21 世纪海上丝绸之路民心相通的文化平台，推动构建人类命运共同体，促进祖国的和平统一。加强闽南海洋历史文化的研究，意义深远，应当引起更多的重视和关注，应当成为闽南文化研究的重中之重。

一、 关于海洋文化

走向海洋，就必须了解海洋，了解海洋文化。但是关于海洋文化，关于中国海洋文化、闽南海洋文化，至今还有许多模糊的看法，影响我们真正地了解海洋文化，了解闽南海洋文化。

人类拥有共同的海洋知识，但世界上没有相同的海洋文化。日本的海洋文化不同于英国的海洋文化，广东的疍民不同于闽南的疍民。但是，究竟不同在哪里？似乎还没有明晰的解读。

在世界文明类型的划分中，以黑格尔的《历史哲学》

观点最为经典，对后世影响最大。

在欧洲横行世界的历史背景下，黑格尔以欧洲为中心，根据世界地理和人类思想本质的差别，将世界文明分成三种类型[①]：一为干燥的高地、草原和平原，以非洲大陆及游牧民族为代表，他们以放牧为业四处迁徙，除了显示出好客和喜好劫掠两个极端性格之外，并无法形成法律和国家，因其野蛮本性而被黑格尔隔绝于文明之外；二为大江大河灌溉的平原流域，以亚洲大陆和农耕民族为代表，他们依靠农业获得四季有序的收获，因土地所有权及各种法律关系而产生国家，并从中孕育了保守的、苟安的、封闭的、忍耐的大陆文明；三为与海相连的海岸地区，以欧洲大陆和海洋民族为代表，他们摆脱陆地的束缚走向海洋，进行征服、掠夺和争逐利润的商业活动，从而养成了冒险的、扩张的、开放的、具有竞争性的性格和相应的海洋文明。

从黑格尔的文明划分中，我们可以明显地感受到当时欧洲人对其海上活动的自我满足及陶醉，一方面从物质行动上加紧对其他文明的掠夺并提升欧洲本土的资本积累和经济发展，另一方面从精神总结上对其行为加以美化和修饰以达到对他人的精神殖民。显然，欧洲人的文化输出是成功的，以至于到了今日，还有不少人仍然认为中华文化就是农耕文化，将黑格尔的以大陆文化（黄色文明）和海洋文化（蓝色文明）来区分东方和西方

[①] 刘登翰：《中华文化与闽台社会——闽台文化关系论纲》，福建人民出版社，2002 年版，第 195 页。

文化奉为标准，并依此来审视和定义中华文明。

但是，中国是一个地域广袤、陆海兼备的国度。中华文明是农耕文明、游牧文明和海洋文明三种文明的融合，必须从大陆与海洋两个向度来把握中华文化的生成，才符合历史的真实。

事实上，中华民族走向海洋的历史不比欧洲晚，而且大规模利用海洋、形成独具特色的中华海洋文化比欧洲要早得多。

尽管黑格尔的海洋文化理论在解释人类文明起源和揭示不同文明性质上有着合理的内核，但其片面性和内在的悖论却常为学界所质疑。为了说明海洋对人类（无论是东方还是西方）文化发展的意义，许多学者倾向于从海洋与人类的关系，在本体论的意义上重新定义海洋文化。

海洋文化是人类在特定的时空范畴内，源于海洋而生成的文化。海洋文化的本质就是人与海洋的互动关系。按照马克思关于经济基础决定上层建筑的理论，人们利用海洋的经济方式，人与海洋建立的经济链条、生产方式，产生了人的海洋文化。不同时期、不同地域的人们利用海洋的不同方式构筑的不同经济链条，必然诞生不一样的海洋文化。中国的海洋文化、日本的海洋文化、英国的海洋文化，彼此都是不相同的。可以说人类有共同的海洋知识，但人类创造的海洋文化却是丰富多彩、千差万别的。

世界海洋文化发展历程可以分成三个时期：原始时代、农耕时代、工业时代。

原始时代诞生了对后世影响深远的海洋捕捞和盐业生产。考古学的发现证明，人类早在六七千年前就有了利用海洋生物维生的历史实践，产生了各种捕捞的工具，包括独木舟、木筏，开始原始的航海，并积累了人类对海洋最早的认识，包括海流、潮汐、风信等。其后，又有了海水晒盐的经济活动。盐是人类生存必不可少的物质。盐业专卖从农业社会早期就成为国家财政的重要来源。渔获与海盐的生产和利用延续到农业社会，直至今天。这两种经济方式催生了人类原始海洋文化。

当然这个结论也是要打问号的。

虽然有1947年挪威考古学家托尔·海尔达尔木筏横渡太平洋的伟大壮举以及诸多的考古发现，但是在原始社会诞生的独木舟、木筏，究竟如何影响后世的海洋文化？潮汐、季风、海流究竟是在什么时候被人们发现、了解、掌握的？……由于资料的贫乏，我们今天实际上对原始海洋文化还是缺乏深入的了解，还难以展开深入的讨论。

我们更缺乏对原始海洋文化的感恩。我们每天吃着海盐、海味，但很少有人会想到这是原始海洋文化留给我们的恩泽。人类原始海洋文化通过言传身教，延伸到了农业社会，甚至现代的工业社会。它是在人类早期利用海洋的经济基础上形成的海洋文化，既是世界上沿海地区最古老、最普遍的海洋文化，也是人类接触海洋的基本方式，贯穿了人类数千年的历史，并造福于子孙万代。

进入农业社会后，人类除了延续和创新以渔业和盐业为代表的原始海洋文化，还产生了三种新的海洋文化。

其一为在地中海诞生而后横行世界的"空手套白狼式"的掠夺型海洋文化。以西方为代表，通过强权和强大先进的武装掠夺或殖民他者获取物资，再进行以货易货的活动，从而实现自身的财富积累，并将这种血腥、残忍和不公正的海洋经济活动自诩为进取、先进的海洋文化。这种文化的拥有者崇尚丛林原则，不相信、也不理解世界上可以有双赢和多赢。

其二为资源型的海洋文化。以古代日本和当今如马尔代夫（自然风光）、中东等资源输出国为代表，通过海洋输出得天独厚的自然资源和原始产品获得经济社会发展，并因此形成独具特色的资源型海洋文化。

其三，以勤劳智慧创造制成品开展海上公平贸易的海洋文化。以中国为代表，通过百姓的智慧和勤劳的双手创造出农业社会大量优质的商品，诸如丝绸、瓷器、茶叶等等，并依靠繁华的港口、先进的船舶制造技术和远洋航海技术开展公平贸易。在这样的经济活动中产生了富于中国特色的海洋文化。这种文化崇尚的是诚信、公平、双赢、多赢、童叟无欺、薄利多销，有饭大家吃、有钱大家赚。其中尤以闽南的海洋历史文化为代表。这里所说的海洋历史文化，指农业社会的海洋历史文化。

在人类的农业社会，尤其是从唐末到清中叶，中国以农产品和手工制品为支撑的海洋文化彪炳于世，其农产品和手工制品是世界海洋经济最主要的商品。中国的港口、造船、航海技术和贸易额都占据世界最前列。

上述四种原始社会、农业社会的海洋文化依然呈现于当今的世界。中国的海洋文化在进入工业时代以后，经历了被侵略、被踩躏的过程和学习、追赶的过程。在2010年，中国终于超过了美国，成为当今世界最大的工业制成品制造国。2015年中国的工业制成品的产值相当于美国与日本的总和，2018年相当于美国、日本、德国的总和。2014年中国的商品贸易额超过4万亿美元，成为世界最大的商品贸易国。当今世界10个最大的港口，有7个属于中国。不过，工业时代的海洋文化更加复杂，不在本丛书研究课题的范畴之内。

农业时代这三大类海洋历史文化，还可以有更加细致的分类方法，例如闽南的海洋历史文化和广东的海洋历史文化，它们当然也有差别，但那只是在习俗、服饰、船形等比较小的方面的特色差异。在依靠勤劳智慧创造制成品来开展公平的海洋贸易方面，它们是一致的。

二、 闽南海洋历史文化的主要特征

早在原始社会，位于福建沿海的闽越人已经以海为生，创造了闽南原始海洋文化，最典型的就是金门的富国墩遗址。

之后中原人南迁，逐渐与闽越人发生融合，大约在唐末五代至北宋初年的100多年间，诞生了具有中国特色的闽南海洋历史文化。延续近千年的闽南海洋历史文化最大的特色，就是以海上贸易为引领，融合了闽南原始海洋文化和中原的农耕文化。

闽南海洋历史文化之所以能够以勤劳智慧创造出农产品和手工业商品来开展公平的海上贸易，最根本是在于其有着源自中原的深厚的农耕文化的基础，并且创造性地依托海洋开拓商品市场来引领农耕产品的商品化和市场化。

我国中原传统农耕文化的最大特点是自给自足。其生产的产品，主要用于自己消费，而不是用于市场交易。而闽南的农耕文化在海洋、海商的引领下，具有强烈的商品化特点。比如清代的同安农田主要不是用来种植自己吃的水稻，而大多是用来种植卖给糖商的甘蔗。因为一亩地种甘蔗所得，是种水稻的数倍。

历史上同安的每一个村庄至少都会有一个榨蔗制糖的糖廊，收购农民的甘蔗制成蔗糖，然后用同安人创造的"同安梭船"载往东南亚，换取那里的暹罗米、仰光米、安南米。据说最成功的商人一斤糖可以在那里换到十多斤大米。清朝有不少文献记载了皇帝特许南洋的大米可以免税或减税进口到厦门。仔细查阅，发现那些申请免税的进口商，都是华人的名字，其中很多是同安海商。

在厦门海商的引领下，同安平洋地种甘蔗，制糖出口；山坡地种龙眼树，制龙眼干出口；山地种茶树，制茶叶出口。海洋文化引领着农耕文化，引领农产品走向商品化、市场化，创造出更加丰厚的财富。

所以，闽南海洋历史文化中的农耕文化与中原传统的农耕文化是不一样的。它以海商所开拓的海洋贸易市场为引领，以农民辛勤劳动所制造的规模化的商品（不是自给的产品）参与海洋的商业活动，是整个闽南海洋经济链条中一个不可或缺的环节，已经完全融入闽南海洋历史文化之中。这是闽南人、闽南文化在明清时期，特别是清前期一个伟大的创新和开拓，也传承和巩固了闽南海洋历史文化最主要的特色。

因此，在今日重新审视中国海洋文化时，闽南海洋历史文化的发展轨迹和独具的特色便是辨识中国海洋文化的最好依据。

长期以来，闽南人对自己"根在河洛"深信不疑，甚至常常以"唐人"自居，对自己所处的区域统称为"唐山"。这种对中原乃至"唐朝"根深蒂固的偏好，不仅与闽南先人南迁前最深刻的记忆及其形成之初的历史密切相关，更是一种自身文化在迁徙、融合和变迁之后，对祖先文化、中央文化的一种认同。这是汉文化、中华文化一个非常重要的特质。正是这一特质，使得在广袤的中国土地上，东西南北不同区域、不同省份，甚至连方言都相互听不明白的亿万汉人，认同一种汉文化，凝聚成一个民族。进而使56个语言、服饰、习俗都不尽相同的民族融汇成了一个中华民族。

这一方面得益于各民族都参与了大一统中央文化（雅文化）的构建，他们把自己各自不同特色的区域文化、民族文化都融进了大一统文化之中；另一方面源于东西南北中的各族人民对自己区域文化作为汉文化、中华文化的解读有着极大的宽容和认可，甚至是鼓励。

由于历史的局限，过去我们曾经认同中华文化单一起源说，认为四面八方的区域文化都是吮吸着中原母文化的乳汁成长的。但是，现代考古的发现证明，中华文化的起源是多元的。母亲的乳汁，是四面八方的孩子们奉献的三牲五谷、山珍海味共同酿造而成的。中华文化历经多元多次重组，你中有我，我中有你，甚至还有他。我们需要在这样的理解上重新认识中华文化与闽南文化的关系。

三、 闽南海洋历史文化的孕育、 形成与发展

考古的发现告诉我们，早在中原汉人南迁到达闽南之前，这里已经生活着世世代代以海为田、以舟为马的古百越人。海洋已经成为他们生活的一部分，他们不仅已经拥有成熟的渔业型原始海洋文化，而且已拥有相当高超的航海技术和造船技术。

从西晋永嘉之乱始，饱受战乱的中原人一路辗转南迁，陆陆续续在晋江、九龙江、漳江等闽南母亲河流域定居，并开始与当地闽南古百越的原始海洋文化相融合。融合之后的闽南人开始适应闽南的地理环境，从而有了深入发展的创造性。这种循序渐进的本土化发展历程，既深化了闽南人的海洋性格，又创造产生了融农耕与海洋为一体的闽南海洋历史文化，并使之成为闽南文化最基本的底色和最耀眼的亮点。

闽南海洋历史文化和闽南文化的孕育，或许有时间上的先后，但闽南文化的形成必然是在闽南海洋历史文化形成之时，方才奠下了历史的里程碑。

闽南海洋历史文化的形成发展大致可分为六个时期。

1. 孕育期

从西晋永嘉到唐末，中原南来的汉族和闽南古百越的山畲水疍开始了融合的进程。这两种文化的相遇必然有激烈的碰撞、痛苦的磨合与相互的包容。唐初，陈政、陈元光父子以雷霆手段直捣畲族的中心火田，古稀之年

的魏妈以化怨为和的精神推动了汉畲的融合。但30多年后陈元光的死，警醒了唐军。陈元光的子孙从云霄退漳浦，从漳浦迁龙溪，未尝不是在利害得失的权衡之后对畲族的退让。

在晋江流域，汉族与蛋民也形成了各自生存的边界，和平相处。泉州士绅赋诗欣赏蛋家的海味，当是对蛋家生活世界的包容。

到唐代中叶，闽南呈现出山地畲、海边蛋，汉人在最肥沃的河流冲积平原的格局，呈现出彼此边界明晰的"和为贵"的包容。包容并不是融合，但在和平的包容中彼此相互认识、了解，进而欣赏，"两情相悦"，这正是融合的开始。

最后"进入洞房"，诞生新的生命、新的文化，必须有一个锣鼓喧天、鞭炮齐鸣的日子。这个日子在唐末藩镇割据、军阀混战和黄巢血洗福建的历史背景下，终于来到了。

2. 形成期

后世尊王审知为开闽王，千年祭祀，这一历史的价值、意义，值得我们今天重新来品味、体会。

唐末安徽军阀王绪率领五千兵马、数万河南固始百姓千里辗转来到同安北辰山。因为饥饿，王绪下令杀死固始的老人而被王潮、王审邦、王审知三兄弟夺权。又因为饥饿，三兄弟夺取泉州，第一次品尝到了闽南的海鲜海味。在经历黄巢起义军的洗劫之后，仅靠泉州的存粮，没有闽南蛋家的海鲜，是不可能满足这几万中原兵民的饥肠的。而他们也在品味到海鲜的美味，体会到海鲜蛋白给予他们的力量和智慧的同时，开始产生了对海洋的情感和热爱，以及对疍家所拥有的闽南原始海洋文化的欣赏、羡慕与追求。这是之前几次大规模迁移来的中原移民所没有体会到和产生的情感。

这是饥饿产生的情感。饥饿使这些中原南来的汉人，放下了面对土著居民的高傲和不屑，学会了平等地对待带给自己美味和温饱的疍家。这种"美人之美"推动了双方的"美美与共"，那个"进入洞房"的日子终于来到了。

这数万河南固始百姓心满意足地在闽南安家落户，开始关注闽南原始的海洋文化，并在从唐末到宋初的百年间，把自己从中原带来的农耕文化，包括手工业技艺、造船技术、冶炼金属技艺等等，融入了闽南原始的海洋文化，创造形成了农耕时代的闽南海洋历史文化，也形成了闽南文化最重要的特色。

3. 飞速发展期

两宋时期由于政权对海洋交通贸易的关注，以及各种历史的因缘际会，使闽南的泉州港得到了飞速的发展，成为世界屈指可数的大港口之一。闽南烧制的以青白瓷为主的各种瓷器，成为对外贸易的主要商品。闽南的福船应用了龙骨、水密隔舱等先进的造船工艺，成为当时世界先进的远洋船舶。闽南的航海人运用了水罗盘等各种先进的航海技术，形成队伍庞大、技术先进的远洋船队。在如此彪炳于世的海洋经济基础之上，闽南人创造了闽南海洋历史文化，这也是闽南文化最为辉煌灿烂的一页。

4. 畸形发展期

元代不足百年，却是闽南文化的灾难期，也是闽南海洋历史文化畸形发展的时期。在这一时期，元朝统治者以残酷的民族压迫和剥削阻挡闽南底层百姓赖以为生的农产品和手工业品的商品化生产，扼杀了其辉煌的文化创造力，摧毁了支撑闽南海洋历史文化的闽南农耕文化。

南宋淳祐年间（1241—1252年），泉州共有255,758户，计132.99万人。仅仅二三十年后的元至元八年（1271年），泉州户口锐减至158,800户，81万人。到元朝末期的至正年间（1341—1368年），泉州路辖境未曾增减，但户口已减为89,060户，45.55万人；到明洪武十四年（1381年），户口继续减至62,471户，35.11万人①。泉州的人口从宋末的133万减少到明初的35万。这一时期刺桐港给闽南人、闽南文化带来的灾难之深重，可想而知。

支撑元代刺桐港进一步发展壮大的原因之一，是因元朝疆域广袤的领土成为刺桐港的腹地。刺桐港是元代中国最大的港口，它的腹地延伸到了全中国，出口的商品来源于全中国，特别是南方各地最优秀精美的农产品和手工业品，其中最著名的就是元青花瓷，它出产于景德镇而不是闽南。在这样广阔的腹地支撑下，刺桐港成了世界最大的贸易港口。但这个港口最富有的是色目人，最有权势的是蒙古贵族。元朝统治者剥夺了闽南百姓走

---

① 泉州市地方志编纂委员会：《泉州市志》，中国社会科学出版社，2000年版。

向海洋的主导权。八娼、九儒、十丐，闽南的精英知识分子比乞丐好一些，比娼妓还不如。闽南文化在社会的最底层挣扎呻吟。

一面是海洋历史文化的高度发达，一面是闽南百姓的贫富分化不断加剧。这种畸形的发展状态，深刻影响了其后闽南海洋历史文化的曲折走向。

5. 曲折发展期

元朝的残酷压迫引发了元末闽南百姓的起义，也摧毁和赶走了元朝最富有、最庞大的泉州刺桐港色目人海商集团。紧接着闭关自守的明朝统治者，又实行了民间"片板不许下海"，只准官方朝贡贸易的政策。世界最大的港口泉州刺桐港的地位从此一落千丈。

但是闽南人的心永远向着大海，他们几乎是全民开展走私贸易，甚至集结成海上武装走私贸易集团来抵抗明廷统治者的海禁。闽南的海洋历史文化就从两宋时期的官商一体共同推动海洋交通贸易转变为官海禁、民走私，官民对立的海洋贸易。在这样的生产生活环境中产牛了闽南人民不畏强暴、刚强不屈、犯险冒难、好勇斗狠的性格。

这一时期又正是西方大航海时代的初期，葡萄牙、西班牙帆船叩关中国。闽南人在艰难的环境下主动对接并发展新的海外市场，生产了克拉克瓷、漳绸漳缎、天鹅绒等商品，震惊了西方市场，赚取了大量的白银。这一经血与火洗礼的艰难曲折发展，凝结了无数闽南人的生命和苦难。

两百年的博弈，终于使明朝统治者明白：禁则海商变海匪，放则海匪变海商。于是有了隆庆开海，官民再合作，创造了闽南海洋历史文化中的月港辉煌。

林仁川教授认为，月港是"大航海时代国际海上贸易的新型商港，美洲大航船贸易的重要起始港，大规模华商华侨闯荡世界的出发港，中国封建海关的诞生港"，对中国、世界社会经济都产生了重大影响。

月港繁荣的末期，被誉为"经济全球化东亚第一人"的郑芝龙打败了西方海上霸主荷兰人，控制了东亚海上贸易。他把闽南海上交通贸易的中心从月港迁移到了安平港，时间虽很短，但延续了月港的辉煌。

他的儿子郑成功面对清军和荷兰人的夹击，把根据地转移到了厦门，设立了思明州，开创了军港、商港、渔港三合一的厦门港。他又创立陆海相联的山海五路商业网络，把厦门港的腹地延伸到了全国，几乎掌控了当时全国的海上交通贸易。而后他又驱赶荷兰人，收复台湾，为闽南海洋历史文化写下了光辉灿烂的一笔。

为了扼杀郑氏集团的经济来源，清王朝残酷地实行了"迁界"和弃岛政策：沿海各省三十里地不准居住耕作，限时搬迁；沿海岛屿全部清空。迁界从 1661 年开始，至 1684 年二十多年的时间，从根本上断绝了闽南人与海洋的联系，使原本陆海相系的海洋经济链条完全断裂，以致有不少地方的经济长时间难以恢复。

当然，与明代官民逾两百年的残酷博弈相比，这也只是闽南人走向海洋的一个短暂的曲折过程。康熙二十二年（1683 年）施琅收复台湾后，清王朝将台湾纳入版图，台湾成为福建省台湾府，开放福建人渡海开垦台湾。

闽南人近水楼台先得月,"唐山过台湾"成为闽南海洋历史文化重要的一环。清廷还取消了迁界,开放了海禁,并在厦门岛设立"闽海关"。虽然其后时放时禁,但经不住闽南人向海之心的汹涌澎湃,从康熙到道光的150多年间,闽南人围绕着厦门港重新构建起海洋与农耕相融合的闽南海洋历史文化,并形成了闽台两地一体的海峡经济区。

风靡一时的同安梭船源源不断地将闽南的糖、瓷器载往东南亚,并载回暹罗米、仰光米、安南米。朝廷还多次下谕予以减税进口。虽然乾隆将西洋贸易归于广州一口,但广州十三行的四大行首,仍有同安白礁潘、漳州诏安叶、晋江安海伍三家来自闽南。

可是,农业文明的丧钟已经敲响,而闭关锁国、妄自尊大的清廷竟充耳不闻,直到鸦片战争列强炮舰的大炮轰响。

6. 衰亡期

建基于农业文明的闽南海洋历史文化,面对西方工业文明的咄咄逼人,虽然也曾抗争,也曾效仿,却依然一步步落败,走向衰亡。这一时期虽然商品的出口越来越少,但聪明的闽南人走出国门的却越来越多。他们呼朋唤友、成群结队走向世界。落番下南洋、侨汇支持家乡,实业救国、教育救国,回国革命、回国抗日、回国建设新中国,成为这一时期闽南海洋历史文化耀眼的光彩。

闽南海洋历史文化的衰退,从鸦片战争前开始,一直延续到改革开放初期。其时闽南的出口商品,几乎只有针对东南亚华侨的茶叶、瓷器、珠绣拖鞋、佛雕等手工艺品和有限的闽南水果。

闽南海洋历史文化的衰退与闽南工业化的学习和建设，几乎是同时开始的。到改革开放初期，闽南已经奠下了一定的工业基础。改革开放 40 余年，跟随着祖国发展的步伐，闽南人民开创了自己建基于工业文明的当代闽南海洋文化。在这其中台港澳的闽南人以及海外的闽南华人华侨作出了许许多多的贡献。

不过，关于工业时代的闽南海洋文化已经是另外一个研究课题。

四、 闽南海洋历史文化的内涵

海洋文化是人类在特定的时空范畴内，与海洋互动而生成的所有物质与非物质的文化，包括相关的经济、军事、科技、文化交流等活动，因海而生的各种生活方式，以及行为、习惯、制度、语言、艺术、思维方式和价值取向。

闽南的海洋历史文化大致包含以下几种。

1. 闽南渔业文化

闽南的渔业分为内海、外海和远洋的捕捞，还有滩涂和近海的养殖以及相关的加工业。由此产生各种生活习俗、口传文学、民间信俗等渔文化。出海的渔民被称为"讨海人"。沿海半农半渔的村落耕耘滩涂和近海，被称为"讨小海"。

2. 闽南盐业文化

闽南沿海半农半渔的村落，有的占有地利，很早就在自己的海湾滩头开辟出盐埕，并形成了一整套海水晒盐的生产技术、相关的工艺流程和生产工具。古时候，闽南绝大多数的盐业生产都有官方的介入，实行了盐业专卖的制度，但食盐的生产和走私，却也是绵延不绝。在这样的经济生产、交流、制度之上，产生了独具特色的闽南海盐文化。从事这一行业的人被称为"做盐的"、盐埕工。

3. 闽南船舶文化

福船是我国历史上远洋船舶最杰出的代表。福船的创造和生产，起于五代至两宋时期的闽南。其后历朝历代的闽南人不断地对福船进行创新、改造，直至清初创制了同安梭船，呈现了闽南造船技艺独树一帜、领先世界的风貌。从事这一行业的人被称为造船人。他们不但创造、传承、发展了造船的技艺，而且创造传承了相关的民俗习惯、口传文学、民间制度、民间信俗，极大地丰富了闽南海洋历史文化。这一文化在现今造王船的技艺和习俗中被较好地传承和留存，但也面临着后继无人的境况。

4. 闽南航海文化

这一文化包括观测天象、海象的智慧，制作牵星图、针路图、水罗盘的技艺，染制海上服装、风帆的技术，海上养猪、补水等创造供给的智慧，尤其是与风浪搏击的技艺和智慧等等。闽南人称航海人为"行船人"。他们拥有默契的团队精神，创造了独具特色的民俗习惯、专有名词和民间信俗。他们同舟共济、不畏强暴的精神深刻地影响了闽南文化的价值取向。

5. 闽南路头文化

闽南人把码头称作"路头"。"路头工""路头王"

"路头好汉"，还有过驳舢板的船工，以及雇请船工、路头工的货主等构成了闽南港口文化的主体，演出了闽南路头一幕幕人生剧。

6. 闽南海商文化

郊商郊行虽然是清以后才出现在文献典籍上，但闽南从五代开始的海上交通贸易就是在城郊外设立"云栈"。郊商郊行和侨商，是闽南海商最主要的群体，产生了一整套贸易制度和贸易体制，深刻地影响了清朝时期闽台两地海峡经济区的形成以及中国与东南亚的经济文化交流，推动了台湾文化和南洋华人华侨文化的形成。

当然，明海禁两百多年所催生的闽南海上武装贸易集团，也有自己的贸易体制和贸易制度，也催生了独具特色的海商文化，并深刻地影响了后世的海洋文化发展。

7. 台湾文化

台湾文化是中华文化的又一个区域文化，由多种文化融合而成，但它的主体无疑是闽南文化。台湾75%的人祖籍闽南，90%以上的人讲闽南话，大多数人信奉和参与闽南民间信俗活动，所有这些都源起于"开台第一人"颜思齐开始的"唐山过台湾"。闽南人的分香、分炉、分庙和其后的进香、谒祖、续谱，让闽南文化深深地扎根于台湾，并在那儿吸收融合其他的种种文化，不断地有新的创造和发展，回馈闽南原乡故土。

8. 华侨华人文化

闽南人下南洋历史极其悠久，不过最大量的迁徙南洋是在鸦片战争以后。闽南的华人华侨分为两支，一支落叶归根，以陈嘉庚这样的归国华侨为代表；一支落地生根，以峇峇娘惹为代表。当然还有所谓的"新侨"，他们大都已经在居住国落地生根、开花结果。他们各自都创造和形成了具有鲜明特色的华侨文化，成为闽南海洋文化重要的组成部分。

9. 海防文化

闽南人鲜有凭自己的武装去霸占他人领土、掠夺他人财产的历史，有的只是因别人来侵略来掠夺而奋起的反抗和防卫。大航海时代，荷兰人来犯，被郑芝龙、郑成功父子打得落败而归。鸦片战争以后，闽南人与英国人、法国人、日本人都交过手，挨打的情况多，但依然不屈不挠，英雄辈出，书写了闽南海洋文化壮丽的一页。

10. 海盗文化

有海就有盗。闽南海盗的历史也非常久远，早在唐代、五代的时候，商船出航都要结伴而行以避海盗。推动闽南海盗横行的，是明朝的海禁，大多数的海商不得不成为海盗，结成海上贸易武装集团。明朝的"倭寇"，实际上很多是闽南人为了获取贸易的货源伪装的强盗行为。后来开海，朝廷又采取以盗治盗的策略，贻害无穷。闽南的海盗时起时伏、绵延不断，直到1949年新中国成立才算结束了闽南海盗的历史。

不过闽南的海盗对台湾的开发，对南洋的早期开发，却也是有贡献的。他们也形成了自己一整套独特的习俗和行为规范。无论是正面还是负面的历史经验，都值得我们研究。

11. 水客蛇头

这是一个非常独特的群体，历史非常悠久。他们往来于闽南和台湾、闽南和南洋，为人们传递信息，传送物品、金钱，最后形成了侨批行业。但这只是他们业务的一小部分。他们还走私物品，协助偷渡，贩卖人口。他们也形成了自己一整套的规矩，甚至行话。除了后来的侨批引起关注，水客、蛇头的文化却很少被人们所关注。

当然，研究闽南海洋历史文化，除了上述从人员、行业分类来展开研究，也可以按照西方分科治学的办法，把闽南海洋历史文化切割成民俗、宗教、技艺、艺术、口传文学、海洋科技等等。从历史学角度还可以分为航海史、贸易史、渔业史、海防史、海难史等等。

还有另外一种研究办法。即六个问题的研究法：

在哪里？——闽南海洋文化的区域范围。

哪里来？——闽南海洋文化的历史。

有什么？——闽南海洋文化的内涵。

是什么？——闽南海洋文化的核心精神。

怎么样？——闽南海洋文化的现状。

哪里去？——闽南海洋文化的未来走向。

这是将闽南海洋文化视为一个整体，一个生命体，来展开全面的、长时段的、动态性的系统研究。

这几种不同的分类和研究方法，并无高下之分，只是观察事物的角度和方法的不同。

鉴于我们的队伍、经费和我们所据有的资料的局限，我们选择第一和第二种方法的结合，从五个专题切入，编写六本小册子：《走向海洋——从刺桐港到月港》（作者蔡少谦、黄锡源），《思明与海》（作者陈耕），《讨海人——玉沙坡涛声》（作者陈复授），《东南屏障——从中左所到英雄城市》（作者韩栽茂），《飞越海峡的歌》（作者符坤龙），《闽南人下南洋》（作者蔡亚约）。

今后若有可能，则还想继续组织研究闽南海商、闽南行船人、闽南造船人、闽南路头工、闽南海盗等方面的课题。

当然就我个人而言，更期待能够有机会、有支持，来展开对闽南海洋文化整体的系统的研究。

中国的海洋文化已经有许多先哲和同仁开展了出色的研究，我们是后来者。由于视野和资料的局限，仅仅关注于闽南、厦门海洋历史文化的探索。期待方家和读者的指教。

以上的主要观点，我在 2019 年 12 月 14 日厦门市文化和旅游局主办的"人与海洋"学术研讨会发表过，做了些修改，权作本丛书的序。

陈耕

（厦门市闽南文化研究会原会长）

2019 年 12 月 16 日

目 录

第一章　季风吹出来的南洋番客

相招过番邦，目汁流归港。

外出无好赚，无去不知空。

一日过一日，囝子变大人，

批信不敢寄，心头挂石枋。

这首闽南的《过番歌》，述说了一段大规模移民史——下南洋。闽南人所说的"过番"，指的就是下南洋，它与"闯关东""走西口"一起，被称为中国近代史上的三大移民浪潮，也是其中唯一的海上人口迁移潮。闽南人就是下南洋移民浪潮中的重要群体。临海而居的闽南人有着与生俱来的海洋冒险精神，他们面向烟波浩瀚的大海，怀着对未来生活的希望，沿着前人的足迹，一批批地踏上下南洋的征程。

闽南人过番，是一首广为流传的航海史诗，是一幅波澜壮阔的移民画卷，是一部坎坷曲折的海外创业史。

第一节　番坪与番客

一艘艘搭载着陶瓷、丝绸、刺绣等货物的木帆船，从闽南海港启航，缓缓驶向南洋……辗转若干个月后，满载珠宝、暹绸、药品、香料，还有柚木、桑枝、铁梨木等高级木料，以及留番人的一封封"侨批"的木帆船，又从南洋返回闽南……

南洋，闽南话称为"番坪"，泛指东南亚地区，包括中南半岛、马来半岛、马来群岛、印度尼西亚群岛、菲律宾群岛等地，大致等同于现在东盟十国的区域。早在唐宋时期，就有许多闽南先民漂洋过海，到异域创业，他们历尽沧桑，在海外开创起一片新天地。到了明朝、清朝时期，更有成千上万的闽南人到南洋谋生。他们像蒲公英一样散落于南洋土地上，生根发芽，繁衍生息。数百年下来，他们早已融入进南洋社会，成为南洋不可分割的一部分。

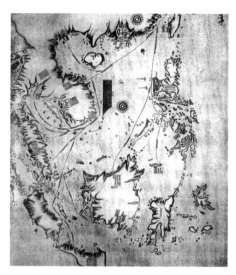

南洋版图（康熙年间绘制）

　　这群侨居在"番坪"的同胞，被闽南的亲人称为"番客"，也就是"华侨"。

　　南洋的华侨是全世界华侨中最大的一个群体，而闽南华侨则是最早下南洋的群体。现生活在东南亚的绝大部分闽籍华人，就是几百年来在南洋披荆斩棘的闽南人后代。2007年，国务院侨办《华侨华人分布状况和发展趋势》课题研究统计，东南亚现有华侨华人3348.6万，占东南亚总人口的6%，占世界华侨华人总数的73.5%。其中，印尼现有华人约1000万，占全国总人口的4.1%；马来西亚华人约645万，占全国总人口的23.7%；泰国华人约700万，占全国总人口的10%；新加坡华人360万，占其总人口的77%，是海外华人占所在国人口比例最高的一个国家。而东南亚各国华人当中，闽南人所占比例突出：在菲律宾华人中，闽南人占85%以上，印度尼西亚华人中有46.6%是闽南籍，马来西亚有31.6%为闽南籍，新加坡则有39.6%。

新加坡小华侨（摄于 1900 年）

第二节　漂洋过番

闽南人把到南洋一带谋生称为"过番"。早期航海都是靠木帆船，行船主要借助风力，南中国海的季风成为海上交通最重要的气象条件。每年八九月东北季风起，人们就借着东北季风出海下南洋，之后必须等到来年的四五月西南季风起，才能启航回闽南，因此，下南洋的人被称为季风吹出来的番客。

一、历史阶段

纵观闽南人过番的历史，大体可分为三个时期：

第一，宋元市舶司贸易时期。

这一时期为海外华侨逐渐出现的时期。当时，中国封建社会商品经济比较发达，而东南亚各地的社会经济仍然较为落后，于是有不少中国商人到东南亚地区从事贸易活动，其中有一部分人便在当地定居下来，成为第一代华侨。宋元时期，泉州刺桐港是东方第一大港，也是海上丝绸之路的起点，有许多闽南人随商旅到南洋定居。这个时期的华侨大多居住在今天的印度尼西亚、新加坡、马来西亚、越南、泰国、菲律宾等国。

从泉州港往南洋运载货物和移民的商船

第二，明清走私贸易时期。

这一时期华侨大量增加，并在南洋诸国逐渐确立社会经济地位。17世纪前后，世界大航海时代到来，东南亚地区逐渐成为西方国家的殖民地或贸易中继地，这些地方迫切需要廉价的劳动力和手工业品，因而吸引了更多的中国商人和破产的农民、渔民以及手工艺人前往。随后，明朝解除海禁，进一步促进了海外贸易发展和移民。此时，漳州月港是走私贸易中心港，也是唯一开洋港口，大量的闽南人从这里前往南洋。明末清初，厦门港成为闽南主要贸易港，也成为大批闽南人移居南洋的始发港。此阶段，北起缅甸伊洛瓦底江上游，南迄印度尼西亚群岛，几乎随处都可见到华侨，南洋诸国建立起许许多多华人社区，华人中的部分佼佼者甚至还参与在南洋建立国家。

第三，鸦片战争后的苦力贸易时期。

这个时期为华侨大规模移民的高潮，一批批"契约华工"（俗称"猪仔"）被贩卖出洋，这也是此阶段移民的主要方式，华人出国的人数之多、规模之大、分布之广、遭遇之苦，均属前所未有。在 100 多年间，中国约有 700 万人被贩卖到世界各地。鸦片战争后，厦门成为对外开放的五个通商口岸之一。仅 1922－1939 年间，从厦门等港口出洋的移民就超过 500 万。到新中国成立时，华侨人数已超过 1200 万人，奠定了今天华侨遍布世界各地的格局。

闽南船

来往新加坡的轮船

二、 主要原因

闽南人过番的原由，或经商，或躲避战乱、灾荒，或迫于穷困外出当劳工。他们有些是对南洋未来充满希望而主动去的，但更多的是因为生活所迫在家乡待不下去了。据权威机构调查，因"经济压迫"而出洋者占七成。闽南有首流传广泛的《番客歌》，道出了大部分番客过番的原因。

唱出番客有只歌，
番邦趁食无投活（无奈何）；
为着生活才出外，
离父母，离某（妻）子。
三年五年返一摆（次），
做牛做马受拖磨；
想着某子一大拖，
勤俭用，不敢乱子花。

闽南人下南洋，归结到底

厦门会文堂刊印的《过番歌》

5

有几个方面的原因：

其一：闽南人多地少，老百姓生活难以维继，为了谋生计，改变个人甚至家族的命运而选择背井离乡，到南洋谋生。

新加坡华人剧场演出现场

其二：闽南人从唐末五代起，就积极开拓海上贸易，依托泉州刺桐港、漳州月港、厦门港等港口，构建起一条不间断的海上丝绸之路，贩洋船只源源不断通向海外，许多人也随之移居他乡。

其三：在历代封建王朝更替、农民起义、倭寇作乱，由于地缘上的毗邻关系，东南亚成为中国移民的迁徙地和避难所。

其四：闽南自古干旱、洪涝、台风、瘟疫等灾难频繁，许多人因此逃往南洋。根据地方史料记载：明嘉靖年间大旱、明万历三十一年（1603）台风造成严重破坏、清康熙三十七年（1698）大雨带来洪灾、清雍正四年（1726）大旱，灾难过后，大量闽南人到南洋寻找生路。

其五：东南亚地区沦为殖民地，帝国主义对其进行疯狂的经济掠夺，急需大量廉价劳动力从事开发。为吸引华工，当地先后推出一系列优惠政策，吸引中国流离失所、丧失土地的无业流民，大多数的闽南人就是在这个时候，或孤身一人，或携妻带子，漂洋过海去往南洋的。

总之，闽南人过番是为了追求更美好的生活前景。从文化的角度看，闽南人与生俱来的海洋冒险精神和开拓进取的精神才是他们一代代走向南洋的根源。

番仔楼（角美东美村）

三、 意义作用

过番潮使中国、东南亚两地发生深刻变化，对推动世界经济文化发展产生了不可低估的作用。

其一，番客是东南亚经济开发的主力军，他们为当地经济、政治、文化发展做出了巨大的贡献。经商的华人在侨居国从事贸易商业活动，收购销售当地物产，构成一个沟通中国与海外的贸易网络；手工业者，包括裁缝、鞋匠、金匠、银匠、雕刻师、锁匠、画师、泥水匠、织工、面点师，几乎涉及各行各业，在当地社会的日常生活中发挥了积极作用；从事农业、园艺和渔业的华侨也很多，他们将当时中国的农耕文明带到南洋；而东南亚的工矿业几乎都由华人经营。如印尼加里曼丹，华人矿工人数最多时曾超过 9 万，每年生产的金矿砂一般都在百万盎司（1 盎司约28.35 克）以上。19 世纪以前，马来西亚的许多"锡湖"即大型锡矿区，都是华侨一锄一锹挖出来的。就连当时英国的海峡殖民地总督瑞天咸也承认，马来半岛的繁荣昌盛"皆华侨所造成"。

其二，过番也使闽南一些生活穷困潦倒的人找到了出路，很多人彻底改变了自己与家族的命运，有些人甚至通过努力富甲一方，还有人在政治上和社会上取得了很高的地位。

菲律宾的拉人力车的华人苦力

曼谷唐人街的中国货郎

新加坡的华人锁匠

其三，过番潮对流出地同样产生了深刻影响，对缓解经济压力具有不可低估的作用。如鸦片战争后，由闽、粤两省每年输出的流民足以抵消每年的人口自然增长，缓解了当地的人口压力，减弱了由此而引发的社会振荡。

其四，番客通过艰苦创业，积累了大量资本，他们发达不忘本，把资金投向家乡的近代工商业，又推动了中国社会的转型。以厦门为例，厦门的侨汇资金占全国的七成，华侨投资建设了厦门最早的铁路、航运设施，在厦门建起了一栋栋骑楼，出资建校，使厦门成为具有"侨乡文化"特色的城市。

华侨在鼓浪屿上建了成片的洋楼别墅

第三节　住番与留番

闽南俗语说"行船走马三分命"，早期的番客下南洋，都要经历惊涛骇浪，九死一生，因此，出洋的都是男人。当时出洋都是依靠木帆船，以风为动力，南中国海的季风成为海上交通最重要的气象条件，商船只能伺风起帆，商人们到了南洋不得不在那儿"住番"，待到来年四五月西南季风起才能返航。去南洋从事手工业、农业、园艺和渔业的番客，更是要长期"住番"。"有唐山公，没有唐山嫲"，这些"住番"的男人往往会和当地的女人结婚，建立一个新的家庭，生下孩子。

当然，这些"番客"始终和祖地保持着密切的经济和生活联系，他们在南洋生下孩子，也总是千方百计地送回故乡读书，学习中华文化。甚至后来形成了一种闽南侨乡的民俗，即孩子长大以后要去南洋，必须先结婚，在家乡找一个老婆，生下一个孩子，或等老婆怀上孩子，才能出去。到了南洋，可以再找一个"番婆"，生下的孩子到了六七岁，就必须送回家乡来读书，接受传统教育。等孩子长大后，或者留在家乡，建功立业，光宗耀祖，或者去南洋接管财产，开拓事业。

由于种种原因，有些番客长期留在南洋，这些"留番"的人，有些将家乡的老婆孩子一起接过去，这些华人后代相互通婚，保留纯华人血脉；有些则与当地人结婚，他们的后代被称为峇峇娘惹，也称土生华人或侨生。

峇峇娘惹

南洋糕点

侨生家庭陈设

峇峇娘惹遗产博物馆（槟城）

"峇峇娘惹"中,"峇峇"指的是男孩子,"娘惹"指的是女孩子。峇峇人讲的语言称为峇峇话,并非单纯的福建话(闽南话),而是参杂了马来语或泰语。他们的习俗保留着中国传统文化色彩,例如传统婚礼等。早期在马来西亚的吉兰丹、马六甲,印尼泗水和新加坡等地有许多峇峇娘惹。峇峇娘惹中有许多人成为了社会精英,如青云亭的甲必丹和亭主大都是峇峇娘惹,著名的大学者辜鸿铭、厦门大学的第一任校长林文庆,也都是峇峇娘惹。

近代,东南亚国家经历风云变幻,饱受战争、殖民统治的摧残,南洋的闽南华侨在动荡的时代背景下作出了不同的选择。他们有的选择"落叶归根"——一些人事业有成以后怀念故土,将南洋的家产变卖,回到家乡置办田产,盖屋起房,安度晚年;一些人则混得不太好,觉得他乡不如家乡好,干脆回家来;还有人因为当地的各种变故,如排华等,难以为生,只好回到家乡。另一些番客选择了"落地生根"——他们有的在南洋事业有成,家大业大,甚至成为华侨的领袖或杰出人物,有的与当地的女人结婚,组成了家庭,就在那留下来,落地生根,开花结果。

第四节 宋元时期的闽南人通番

中国人移居国外,可追溯到2000多年以前。根据文献记载,在秦汉时期中国已有"丝绸之路"通往西域,有船舶东航日本,其中就有人留居他乡。三国时代,受吴国孙权派遣,宣化从事朱应、中郎康泰等人扬帆出海,游历南海诸国。归国后,两人根据见闻分别撰写了《扶南异物传》和《吴时外国传》,这是中国帆船投身大航海的较早记载。晋朝时期,移居国外的人被称为汉人或侨人,《隋书·食货志》中有记载:"晋自中原丧乱,元帝寓居江左,百姓之自拔南奔者,并谓之侨人。"进入唐代,才有较多的中国人定居国外，这被视为华侨史的开端。

闽南与海外的交通贸易自唐代中后期才开始。五代至宋朝，由于对外贸易的扩大，闽南的商品经济相当发达，尤其是瓷器、丝绸、金银器的制作技艺纯熟，造船技术迅猛发展，进一步推动了闽南地区海上贸易的兴盛。

宋代，中国的经济繁荣，生产技术和手工业比南洋各国要先进，当时从闽南运出的货物受到南洋各国的欢迎。当时有少数闽南商人迁居南洋，他们在开发南洋过程中发挥了很大作用，有人甚至在南洋开疆建国。沈括的《梦溪笔谈》中记载，宋真宗景德元年（1004），安南（今越南）大乱，久无酋长。1009 年，国人共立闽人李公蕴为主，李朝传了八世二百余年。这位李公蕴即闽南泉州安海人。在泉州晋江县安海镇发现的《李庄厝内李氏房谱》中记载，李公蕴是李淳安的

李公蕴塑像

次子，幼年时随李淳安前往安南做生意，而长兄李公澡则被留在安海，成为当地李姓始祖。其后陈㬚建立了陈朝。还有一位晋江人陈日照，后改姓谢，被安南国相招为女婿，在南宋端平三年（1236）也当了安南王。

宋末元初，反元失败的宋朝官兵臣民大批逃往南洋，其中有相当一部分是闽南人。南宋祥兴二年（1279），左丞相陆秀夫幼子陆自立（号复宋）和其他南宋遗民乘番舶外逃至南洋爪哇岛，陆自立被推举为首领，建立爪哇顺塔国。

元初，忽必烈曾派遣 1000 艘战舰从泉州港出发，攻打爪哇，史称"元爪战争"。远征军中有 2 万多士兵和 1 万多的水手，他们

当中大部分是闽南人。一开始，远征军联合满者伯夷（《元史》称麻喏八歇）王克塔拉亚萨攻打信诃沙里国叛将贾亚卡特望，灭信诃沙里国。随后满者伯夷国王克塔拉亚萨反戈，元军失利退兵，途中突遇狂风停泊在勾栏山（今加里曼丹南部的岛屿），士兵和水手纷纷逃走，后与当地土人"丛杂而居之"，还出现了一些中国村。

元末明初，由于统治者惩治外族人，聚居泉州的番商及其后裔顿时星散，许多人迁居东南亚。同安明盛乡仁里新垵村（今厦门市海沧区新垵村）《邱氏族谱》就有邱毛德等人"通番"的相关记载。到明朝初年，印尼锦石中国人聚居的新村已超过2000人，东爪哇（杜板）的中国人超过1000人，三佛齐（苏门答腊南部巨港）也有"千余家"的华人聚居，其中以闽南籍商人和工匠为主。

明代之前闽南人的社会地位低下，逃亡或留居南洋的闽南人不在少数，且绝大多数都是贫苦的百姓，移居南洋后基本上都被当地人同化了。

新垵诒谷堂

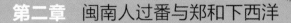

第二章　闽南人过番与郑和下西洋

宋元时期以前，老百姓下南洋还属于小规模活动，明清之后才出现大规模的过番潮，而在之间有个承前启后的重要航海事件——郑和下西洋。它开辟了我国航海史上伟大的航路，掀开了明清时期沿海地区大批百姓下南洋的浪潮。

第一节　三宝太监下西洋

元末明初，战乱连连，社会不安。明洪武年间，明太祖朱元璋为防沿海军阀余党与海盗滋扰，下令实施海禁政策，禁止中国人赴海外经商，也限制外国商人来华贸易，海外交易主要通过朝贡方式。明成祖发起靖难之役夺得皇位后，主动发展与周边藩国的邦交，锐意沟通域外国家，试图构建一个有等级秩序的、和谐的理想世界秩序。永乐元年至二年（1403－1404），他派遣尹庆出使古里（印度）、满剌加（马六甲，当时未建国）、爪哇（印尼）和苏门答腊（印尼）；永乐三年（1405），又南征安南（越南），设"郡县安南"，从陆路可控制占城（越南）至满剌加，为郑和下西洋活动提供了有力的支持。当时，明朝经过朱元璋31年的励精图治，农业经济得到恢复，冶矿、纺织、陶瓷、造纸、印刷各行技术有了不同程度的提高。此外，宋元以来形成了相当规模的海船建造业和发达的海外贸易，为郑和下西洋奠定了坚实的经济基础和技术条件。就这样，明成祖为了宣扬威德，使藩国畏威怀德、输诚纳贡，令太监郑和率领一支空前庞大的船队下西洋，一场铭刻历史的航海壮举开始了。

郑和下西洋（今日南海及印度洋），闽南民间称"三宝太监下西洋"，从永乐三年（1405）至宣德八年（1433），下西洋7次，历时28年，航程10余万里，先后到达30多个国家和地区，有12万人参与。经琉球、安南、暹罗、淡马锡（新加坡）、马来亚、速木都剌（苏门答腊）、爪哇、榜葛剌（孟加拉）、锡兰等国，深入阿拉伯海，直抵波斯湾亚丁，到达非洲东岸。其规模之宏伟，船舶之精良，航海技术之娴熟，在当时的世界上绝无仅有。它成为世界大航海的先声，为后来大量华人下南洋奠定了基础。

第二节　下西洋的闽南人

福建是受"郑和下西洋"影响最为直接的地区。郑和的船队从苏州刘家港入海，到长乐太平港伺风开洋，曾至泉州寄泊。而泉州曾是"梯航万国"的东方第一大港，自然成为了郑和船队停泊和补给的基地。现位于泉州灵山的"郑和行香碑"记载："钦差总兵太监郑和，前往西洋忽鲁谟斯等国公干。永乐十五年五月十六日于此行香，望灵圣庇祐。镇抚蒲和日记立。"另，清嘉庆年间蔡永蒹抄《西山杂志》中《三宝下西洋》也曾记载："永乐三年，成祖疑惠帝南逃，命中官郑和、王景弘、张文等造大船百艘，率军二万七千余。王景弘闽南人，雇泉船，以东石沿海名舵导引，从苏州刘家港入海，至泉州寄泊。上九日岩祈风，至清真寺祈祷。满载陶瓷丝绣币帛，历漳、潮、琼崖至占城。"

泉州涂门街，古时叫做回民街，来经商的穆斯林在此建造的清净寺就有六七座，现在涂门街仍存一座是北宋大中祥符二年（1009）仿照叙利亚大马士革伊斯兰教礼拜堂兴建的清净寺，虽历经沧桑却仍显得雄伟恢弘。郑和作为架设通向海外桥梁的使者，曾到这里做礼拜，受到了侨居泉州穆斯林的极大欢迎。泉州民间至今还流传着郑和在涂门街和穆斯林聊天的故事，他在此了解穆斯林所需要的商品和相关的文化需求，有的放矢地准备船队的贸易商品，因此船队到达穆斯林国家和地区时，受到当地人民的欢迎和尊崇。

泉州涂门街伊斯兰教堂

郑和曾在福建"选取在驾船民梢中有经惯下海者，称为火长，用作舟师，乃以针经图式付与领执，专一料理，事大责重"。还有郑和船队的武装人员，大多从福建卫所抽调。郑和船队人数少至 27000 多人，多至 30000 人，大部分来自福建，其中尤以泉州和厦门两大港为多。船队中大量采用福船，"欲用福船，须雇福建人驾驶"，其船师、水手当然是福建人居多。早在郑和下西洋之前，泉州有大量"习于水斗，便于用舟"的人员，他们熟悉海上生活，具有高超的航海技术，得到了郑和的赏识。

与郑和一同下西洋的人史料记载不多，有姓名及其籍贯者共有 74 人。这些人员来自江苏、福建、上海、浙江、江西、安徽、陕西等地，其中福建 16 人，占 21%。再加上福建军营中参与下西洋的 15 人，人数之多，是其他地方所不及的。这些福建人在郑和使团中，有的担任领导工作，如漳平的王景弘、安溪的李兴；有的担任辅佐人员，如泉州的蒲和日；有的是技术人员，如福清的林贵和任阴阳官；有的是航海水手，如长乐的黄参。也有闽县的严观、莆田的许辟等军人。《闽书·武军志》载，"下西洋师返时，闽中从征将士升赏有差"，士兵立功者有记载姓名的福建籍人士就有 22 人。

马六甲街头的郑和宝船模型

马六甲宝山亭

第三节　二号统领王景弘

郑和下西洋的二号人物王景弘，人称王三保，闽南漳平赤水镇香寮村人，是郑和的第一助手，与郑和同为正使。王景弘先后 6 次出使西洋，历 30 余国、60 多个地区。他在航程中负责确认航海线路与管理船队，侧重于船舶的制造、航海人员的选拔等一系列工作。王景弘曾到闽、浙沿海招募大批水手和造船工匠，在太仓、长乐、福州、泉州、南京等地招募舟师、督练水师，监造海船，修建天妃宫等事务。

王景弘参加了第一至四次和第七次下西洋。宣德八年

（1433）第七次下西洋时，郑和中途病逝于印度古里，王景弘率队返程，于宣德八年（1433）七月回到南京。宣德九年（1434）六月，王景弘受命以正使身份率船队第八次下西洋，出使南洋诸国。船队先到苏门答腊，后到爪哇。回国时，苏门答腊国王派遣弟弟哈尼者罕随船队到北京朝贡。

王景弘雕像

漳平王景弘庙

　　王景弘在下西洋时，也留下了许多传说。相传船队来到印尼三宝垄的时候，为了提防土番在河溪上放毒，王景弘便令兵士凿井取水，井水甜美无比，他们将其视为与家乡同泉脉的"圣水"。后来华侨在井边建起一座三宝庙，每当有疾苦病痛，都要到三宝祠行香，向三宝公乞求井水回去煎饮，以求平安。又传说郑和船队经过菲律宾马尼拉的时候，听闻这个地方多发怪事，还有一种"歹风"，王景弘便按中国习俗，在洲仔岸建塔镇风。后来前来开发菲律宾的华人便以郑和船队的"大顺""二顺""三顺"等船号为族名。此地经过晋江人王彬等华人、华侨的建设，成为今日繁荣的"洲仔岸院"。在同安鸿渐村（现漳州角美）有座太保公庙，祭祀红脸郑和与黑脸王景弘二太保公，传说是由华侨从南洋带回供奉的。

印尼三宝垄三宝洞

印尼三宝垄三宝庙

印尼三宝洞郑和雕像

　　王景弘每次出使，都随船携带金银、丝绸、铜铁及各种工艺品与外国交流，发展中国与亚非国家之间的通商关系，促进中国与亚洲各国间的经济、文化和科技交流，增进友谊。晚年他潜心整理航海资料，著有《赴西洋水程》，此书后流落民间并被辗转抄录，成为明清航海人员驾舟出海的导航"秘本"，为推动中国航海事业发展做出重要贡献。

第四节 郑和下西洋对下南洋的深刻影响

郑和船队下西洋是为了宣扬大明德威，每次船队出海，云帆蔽日，浩浩荡荡，但没有民间海商船队后续跟随，可以说是劳民伤财。但郑和下西洋也提高了海外华人的社会地位，促进了中国和东南亚各国的联系，为愈来愈多的中国人移居海外增强了信心，奠定了基础。

一、 怀远以德， 与南洋各国建立良好关系

郑和下西洋时在外交及军事方面颇有建树，他曾击败攻击船队的锡兰山国（斯里兰卡），消灭篡夺王位的苏门答腊君主苏干刺，惩治海盗陈祖义，并在三佛齐扶植由施进卿华侨统治的旧港宣慰司，委任旅菲侨领许柴佬（祖籍晋江深沪）为吕宋国总督，树立明朝威望。

郑和耀兵异域以示中国富强，但以"怀远以德""王者无外"的观念来构建政治秩序，是非侵略性的。因此，自永乐、宣德年始，南洋各国无不前来朝贡。各国之间发生纠纷，往往请明朝廷主持公道。马六甲王国当时受暹罗王国的侵犯，正是明朝廷出手，才免予灭国。为保持与东南亚各国的良好关系，明朝廷还让一些宫女以公主名义和番下嫁各国国王，今马六甲的汉丽宝公主传说和遗址，正是当年和番的明证。

马六甲王井（汉丽宝井）及介绍栏

二、 带动闽人移居

郑和下西洋之前南洋华侨并不多。郑和七次下西洋的过程中，有大批福建人跟随郑和出使远航。有些人到了东南亚各地，就没有回来，成为当地新一代的华侨。如《明英宗实录》记载，"随和下番的太监洪保一船，启航时凡三百人，后遭大风漂泊，经十八年后回国的，仅有三人"，其余未能回国的二百多人，除病伤死亡外，大多留居各地，从事于开发蛮荒的工作。郑和第三次下西洋时，归来时人数就少了 6000 多人，显然有部分人成了"买田娶妇，留而不归者"。又如，何乔远《名山藏》记载："婆罗国，东洋尽处，

马六甲郑和三宝文化馆

西洋所自起也。国有东西二王，永乐四年，各遣使朝贡。其国负山面海，而谨佛教。今王为闽人，随郑和至留其国者。其府旁有中国碑，王有金印一，上篆文作兽形，云是永乐中所赐。"据考，"娑罗国"即"婆罗国"，郑和下西洋，使很多酋长和国王招纳这些移民中有文化的人作为幕僚，后来有闽人当上婆罗洲国王，使婆罗洲成为华侨在东南亚的一个重要的根据地。

郑和到达满剌加（马六甲）

对此，梁启超先生在《祖国大航海家郑和传》曾作了充分肯定："郑和下西洋后而移居南洋诸岛，当不下五百四五十万人，加上与土著人杂婚者，当及七百万人。"

三、 开拓海外贸易

郑和下西洋在一定程度上改变了自明太祖朱元璋以来的禁海政策，开拓了海外贸易。郑和船队驻驿过的地方，如泰国曼谷、印尼亚齐、巨港、井里汶、三宝垄、泗水，马来西亚的马六甲等地，都是闽南人前往贸易主要地方，就得益于郑和下西洋与当地民众交往商贸打下的基础。郑和下西洋进行了朝贡贸易、官方贸易和民间贸易，其中朝贡贸易以奢侈品（例如香料）为大宗，主要是为了满足国内需求。在郑和的不懈努力下，形成了"万邦来贡"的局面，形成了以中国为中心的朝贡网络，这标志着"亚洲经济圈"和"前近代亚洲市场"的形成，具有重大历史意义。

四、 促进文化传播

郑和下西洋加强了中国和东南亚间的文化交流，促进中华文化在东南亚传播。在宗教方面，郑和船队使佛教在东南亚广泛传播，"布施锡兰山佛寺碑"就是例证；而郑和船队供奉马祖，因此以天妃信仰为代表的道教也随之在海外传播；此外，《三宝垄

斯里兰卡国家博物馆"布施锡兰山佛寺碑"（郑和碑）

槟城峇都茅三保宫

华人编年史》记载船队曾经到达天方国，带回了该国大清真寺的写真画本，说明下南洋之举也推动了伊斯兰教在中国和东南亚之间交流。2002年，为纪念郑和功绩，印尼泗水筑建了"郑和清真寺"，成为世界上首座以中国人的姓名命名的清真寺。

印尼大觉寺

如今，南洋各地仍留有不少神化郑和的史迹。例如，马来西亚有马六甲的"宝山亭"、登嘉楼的"三保公庙"、砂拉越尖山的"义文宫三保庙"和槟城峇都茅的"郑和三保宫"，泰国有三宝祠，印尼有三宝垄山的三宝洞、巨港的三宝庙等等。农历六月三十是郑和船队登陆印尼三宝垄的纪念日，每年这天三宝洞都会举办郑和节，开展热闹的民俗活动。这些史迹与民俗是中华文化在东南亚播下的种子。郑和下西洋提高了华侨的地位，刺激了华人出洋，也促进了南洋的开发及开化。

五、 开阔眼界， 提升技术

郑和七下西洋开辟了多条航线，记录下许多地理位置。《郑和航海图》中记载了530多个地名，其中外域地名有300个，最远的东非海岸有16个，其中包括万生石塘屿、石塘、石星石塘等各种岛屿，还有滩、礁、山脉和航路等。同行者中，马欢写下了《瀛涯胜览》，费信著有《星槎胜览》，巩珍写下了《西洋番国志》，介绍下西洋途径及诸国的情况，这些宝贵的航海资料对华人移居海外有着很大的帮助。

郑和航海图

在航海技术方面，郑和采用海道针经（24/48 方位指南针导航）和过洋牵星术（天文导航技术）来进行导航，这是当时最先进的航海导航技术。在天文航海方面，郑和船队白天用指南针导航，夜间则以观看星斗和水罗盘定向的方法保持航向。在地文航海技上，以海洋科学知识和航海图为依据，运用了罗盘、计程仪、测深仪等航海仪器来保证船舶的航行路线，并用海图和针路簿记载，为后人航海提供了技术支撑。

在造船技术方面，郑和航海船队共有 200 余艘，其中最大的船只被称为"宝船"，长度为 148 米，宽度为 60 米，这是当时世界上最大的木帆船，能够承载的重量高达 800 吨，可以同时负载

郑和宝船的大舵杆（中国国家博物馆，1957 年发掘）

上千人，而这种"宝船"在船队中就有60多艘。此外，船队中还有马船、粮船、货船和战船，船上可以储存淡水，其稳定性和抗沉性都是一流的，故在"洪涛接天，巨浪如山"的险恶条件下，能够"云帆高张，昼夜星驰"。

郑和下西洋，不仅提升了航海技术，而且开阔了国人的眼界，形成了海洋文化观，这些一同出航的佼佼者就成了后来下南洋的中坚力量，带动了我国与南洋地区的民间贸易和移民活动的发展。

第三章　明清私贸时期的闽南人过番

　　宋元时期下南洋的闽南人不多，规模较小，真正意义上的下南洋是从明朝开始，到清朝末年达到高潮。明清朝廷实行海禁，官方内敛型的海洋观念与闽南民间开放型海洋观念产生巨大的矛盾，闽南成为中国海上私人贸易和海上移民的中心，直到19世纪中期，南洋各主要华人商埠都是闽南人占多数。

第一节　过番的几个阶段

　　郑和下西洋后，世界大航海时代开始，西方的葡萄牙、荷兰、西班牙、英国等殖民者的远航船队来到南洋各国，通过建立的殖民地开展与中国的贸易，吸引华人开垦开发，掀起闽南人下南洋的高潮。

一、 月港开洋

　　明朝自洪武七年（1374）厉行海禁，致使沿海生计无着，于是不少人铤而走险偷渡南洋。明景泰四年（1453），漳州月港民间海外贸易兴起，以海澄月港为中心，包括九龙江出海口，含厦门湾的海沧、厦门、金门、浯屿一带，成为中国民间海上贸易的中心区域。至明成化年间，月港"西方异客皆集月港，漳泉商民，贩东西二洋，代农贸之利，比比皆然"。当时走私生意获利颇丰。《明史》记载："土人以珠与华人市易，大者利数十倍。"闽南的走私商因此常游行于闽南与南洋各国之间，也有许多人久居南洋不返。

嘉靖年间，海商因走私贸易、武装联盟等原因而勾结倭人，倭寇屡犯闽南，战乱频发。同安城曾被倭寇包围四次，最严重的一次在嘉靖三十九年（1560）四月初二，倭寇进攻同安阳翟村，杀人积尸纵横一二里，妇女投海者不可胜数。朝廷因倭乱下令滨海之民内迁，造成沿海家园荒芜，许多人便铤而走险移居南洋。

明隆庆元年（1567）宣布解除海禁后，月港成为中国唯一合法的出海贸易港，是中外海商进行国际贸易的主港，联系东西方的海上丝绸之路的重要节点。而这一阶段，西方殖民者的势力逐步进入东南亚，进行大力开发，闽南百姓成群结队前往南洋经商开垦，就此拉开闽南人大批海上移民的序幕。

二、 明清交替

1644 年清兵入关，南中国陷入近半个世纪的战乱。大批难民和逃散的官兵以及不愿臣服的明朝遗民纷纷移民东南亚，掀起了移民东南亚的高潮。

清军南下，残酷杀害抗清民众，顺治五年（1648），曾作为郑成功抗清根据地的同安被屠杀民众达五万人之多。之后，朝廷又实行"海禁""迁界""毁镇"政策，造成沿海百姓流离失所，沿海大量民众或随郑成功的官军东渡台湾，或辗转流寓南洋谋生。

当时，有明军余部在抗清失败后携家眷集体逃亡南洋。在越南南部的湄公河三角洲，有块地方被称作"明乡"，是明高、雷、廉三州总兵陈上川、副将陈安平等率领兵将家眷 3000 余人及战船 50 余艘，逃到此处开发的。1659 年，跟随永历帝逃亡缅甸的官兵眷属，有的流亡暹罗（今泰国），有的被安置在缅甸边远地区，今天缅甸北部的桂家与敏家即是抗清义军中桂王和岷王的后裔。

康熙二十二年（1683）清朝统一台湾，不愿降清者大多流落到东南亚各地。马六甲青云亭的第二任甲必丹李为经，亦是明朝灭亡时逃到马来半岛的。现在马六甲的三宝山墓地，最早的一处墓碑上雕刻的年号为南明的"龙飞"，按年代算那是清顺治年间，墓主即是清初反清复明的人士。据史家的估计，明末逃往南洋的华侨约 10 万人，其中闽南人就占了 70％－80％。

越南明乡人旧照（现藏于明乡人会馆）　　三宝山郑芳扬墓碑

三、　厦门港通洋

施琅收台次年（1684），厦门设立闽海关，作为"通洋正口"。"人民商贸，番船辏集，等诸郡县"，厦门成为往海上贸易的官方发舶中心，使闽南向东南亚移民活动远较其他沿海省份便利，闽南海外移民高潮又持续了一百多年。到鸦片战争前夕，东南亚的闽南华侨总数已达 52 万人。

对此，史书有许多记载。《同安县志》记载："贩洋船只，由雍正五年（1727）开始，至乾隆初年（1736）为全盛时期"。清乾隆五年（1740），漳浦人程日炌写下了我国最早的归国华侨文献《噶喇吧纪略》，记述了他在印尼雅加达的经历。清乾隆五十六年（1791），漳州龙溪人王大海撰写了《海岛逸志》一书，对爪哇岛巴达维亚、三宝垄、北加浪岸等地的社会、风土人情及物产都有详细的记载。

第二节　过番的形式与特点

明中后期闽南人大批下南洋的原因，一方面是中国社会的动荡和灾难，另一方面则是西方殖民者对东南亚的开发。下南洋的华侨从之前的商人转为贫困农民和手工业者，他们从事的职业从宋元时期的贸易、航海等转向工艺建造、农业种植和矿山开采等，逐渐融入当地的经济开发。当时，一般通过两种方式下南洋谋生：一是自发结伙出海，公推一名"客头"，由其垫付船

清代闽南码头等待出洋的人群

资伙食，众人到南洋后以劳动所得偿还欠债，立有"公凭"为据，这种"公凭"实质上是押身抵债的集体契约。另一种是农民把自己质押给船户，到海外找到亲友或雇主垫付所欠船资等费用，约定以劳动偿还。

梯山航海，万里投荒。前往南洋各国开发的闽南人具备各种劳动技能，成为推动和改变南洋诸国社会经济面貌的重要力量。勤劳能干的闽南人参与了当地土地的开发，矿产的采掘，林木的砍伐，经济作物的种植，海洋鱼类的捕捞，日用品、工业品的制造，以及开辟道路、修造房屋等，其中从事造船、铸铁锅、制糖等行业的几乎全是华侨。菲律宾学者赛蒂在《外侨是菲律宾经济

的奠基者》一文中写道：“他们开发了处女林，于无数世纪静止的荒野之中，开辟了茂盛的稻米、苎麻、蓝靛、椰子、烟草和其他谷类的耕种地；他们在峡谷山林间，披荆斩棘，开荒劈野，而后发掘了腹地的宝藏”。

这一阶段，下南洋的华人从往返海内外谋生的模式转为落地生根，大批的华人开始在地聚居。为加强对华人的管理，西方殖民者建立起甲必丹制度，委任华人领袖和会社实行华人自治管理。但他们又怕华人强大，损害殖民者和当地人的利益，因此长期限制华侨发展，甚至排斥和屠杀华侨。而在国内，明清两代在很长时期内是不允许移居海外的，在朝廷看来，这无异于“弃绝王化”，因此当时华侨的地位是极其低下的。

这时期，一些具有政治色彩的民间社会团体，如小刀会、天地会等，被朝廷严厉打击后转移到南洋地区，侨民也开始建立有组织的社会团体。在槟城，被清朝通缉的几位“天地会”领袖建立了秘密会社。今天槟城的建德堂和大伯公庙，就是“天地会”秘密会社的场所。这期间，还有一些华人与殖民者或抗争或合作，建立自己的政治实体，如莫玖建立的港口国（越南南部）、罗芳伯在婆罗洲（加里曼丹岛）建立的兰芳公司，吴元盛建立的戴燕王国（婆罗洲北部），张杰绪建立的纳土纳群岛王国（印尼），郑信建立的吞武里王朝（泰国）等。还有漳州海澄人吴让（南洋方言中读“吴阳”），在乾隆十五年（1750）渡海到暹罗南部宋卡开发垦殖。1769 年，吞武里王朝郑皇率兵南下镇压叛乱，吴让乘机奏请郑皇，以每年交税银 50 斤的条件承包宋卡湖上四岛、五岛的燕窝开采权。吴让经营有方，被郑皇封爵。其子吴文辉御缅有功，于 1791 年晋升为公爵、宋卡城大郡侯。宋卡城曾经发行“振兴通宝”和“宋城通宝”货币，吴氏实际统治马来半岛中部历八代。这些政权中，有的曾指望得到中国统治者的承认和支持，但政府无暇顾及华人华侨的利益，甚至还将其视为背叛朝廷的反贼，联合殖民者加于迫害，令人无奈。

槟城建德堂

宋卡城隍庙

第三节　菲律宾的贸易移民与屠华事件

闽南人下南洋开发，早期往吕宋的人最多。因为在宋元时期菲律宾远离东西主航线，开发相对滞后。除此之外，还有两个原因：一是明嘉靖四十四年（1565）西班牙入侵菲律宾，连接吕宋到墨西哥的航线正式开辟。通过这条航线，中国、印度、波斯、日本等国的丝绸、瓷器、漆器、棉布、象牙、地毯、茶叶等商品被运抵墨西哥，并销售于西班牙及其他美洲领地。二是隆庆开洋。明隆庆元年（1567）漳州月港开洋，使得闽南原本一直存在的海上非法贸易活动变得畅通无阻，大批闽南人来往于马尼拉与闽南之间，进行获利颇丰的合法贸易。驻扎在菲律宾的西班牙人由于消费品完全依赖中国，又需要中国的工匠为他们建筑道路、桥梁、教堂和制造生活必须品，也极力鼓励华侨前往马尼拉贸易经商和劳动。1565 年西班牙殖民者刚占领马尼拉时，华侨仅 150人，1588 年增至 1 万人，到 1602 年已达 4 万余人，形成了一个规模不小的闽南人社会，被称为巴里安（意为市场），在华侨人中俗称"涧内"。

马尼拉唐人街

中菲友谊门

华人数量的激增引起殖民当局的不安。1574 年,大海盗林凤率众进攻西班牙殖民地吕宋岛。1593 年,菲律宾总督达斯马里纳斯因虐待华工被反抗的华人杀死,更加剧了殖民者对华人的恐惧。为控制华人,他们在马尼拉巴石河畔划定一个区域为中国人集中居住区,叫巴连。到了 1603 年,一场屠杀华人的阴谋悄然酝酿,恰在此时,明神宗听信菲律宾岛上有一座机易山盛产金豆,派人到菲律宾勘探,西班牙殖民当局以此为借口,造谣说华商密谋叛乱,将协同明朝军队入侵菲律宾。1603 年 10 月,殖民军对当地华人展开大屠杀,用大炮将华商的聚居地"涧内"轰为平地。当地华人纷纷逃往大仑山避难。但大仑山缺衣少粮,华人只能铤而走险进攻马尼拉城,最终被杀害及饿死山谷的华人多达 2.5 万人,侥幸

菲律宾大仑山惨案

存活下来的不过 300 人而已。

当时，过番谋生的人被视为无根流民。大仑山惨案后，西班牙殖民者一次又一次地大规模残杀华人，罹难的华人近 10 万。1639 年，西班牙殖民者催迫卡兰巴华人交纳地租，引发起义，被屠杀的华人达 2 万多人；1662 年，郑成功致书菲律宾总督要求纳贡和护侨，为防止华人作为内应，西班牙殖民者屠杀约 4000 华人；1686 年，西班牙王命令菲律宾殖民当局在 6 个月内驱逐全菲华人，引起华人抗议，近千华人在抗议中遇害；1762 年，英国对西班牙宣战，因英国占领马尼拉期间华人进行反西斗争，西班牙殖民总督安达下令绞死菲律宾群岛所有华人，圣诞节前后六天有 6000 多华人被杀；1820 年，马尼拉流行疫症，谣传是华人在河中放毒所致，殖民者制造骚乱，杀害华人 85 人。

第四节　印尼群岛的开发与红溪惨案

印尼群岛在宋元时期就有闽南人前往贸易和定居，郑和下西洋每次都驻足此地。万历三十年（1602）3 月，荷兰势力进入印尼群岛，组建了"荷兰东印度公司"。万历四十七年（1619），荷兰殖民者在爪哇岛西北部沿岸建立了新的贸易中心巴达维亚（今雅加达），成为荷兰东印度公司在东方的总部和荷兰在亚洲的政治经济和军事中心。这一年，同安人苏鸣岗（1580－1644）从西爪哇万丹带领一批华侨开发巴达维亚，被荷兰东印度公司总督特命为首任华人甲必丹，成为华人领袖，管理一切民事诉讼。次年，荷印评政院成立，苏鸣岗被任命为评政院议员。明天启二年（1622），荷兰东印度公司招募大批闽南破产农民和工匠到巴达维亚修路建港、农垦造船。之后，更是采取多种手段从各地输入华侨，补充当地劳动力的不足，其中大多数为闽南籍。

18 世纪以后，荷兰当局向印尼华人大肆敲诈勒索，华人反荷

苏鸣岗故乡苏氏祖祠

活动持续不断。1740 年 10 月 7 日下午，华人武装队伍伏击巴达维亚城内开往文登的荷军。10 月 8 日早晨，荷军同丹那望的华人武装队伍交战，用大炮击败了华人武装队伍。10 月 8 日晚上，郊区华人起义爆发，起义者向巴达维亚各城门发动进攻，但于次日早晨被击退。10 月 9 日的晚上，大批荷兰水手、士兵和市民冲上街头，屠杀他们所遇到的每一个华人。屠杀持续了 7 天，城内华人近万人被杀，侥幸逃出者仅 150 人。因肇事地点为城西一条名为红溪的河，故惨案被称为"红溪惨案"，也称为"巴城大屠杀"。消息传到中国，乾隆皇帝却表示："天朝之弃民，不惜背弃祖宗庐墓，出洋谋利，朝廷概不闻问"，海外弃民命运悲惨可想而知。

第五节　马来亚的闽南聚落

马六甲海峡自古就是海上东西方的交通要道，早在 1511 年葡萄牙占领马六甲前就有闽南人的聚集区。1786 年和 1819 年，英国殖民者分别占领了槟城和新加坡，闽南人大批前往开发。

1824 年，英国与荷兰签订《英荷条约》，占领马六甲。1826 年，英国东印度公司将三个重要港口城槟榔屿、马六甲和新加坡合并为海峡殖民地，当地华人称之为三洲府。

马六甲华人老街鸡场街

郑和下西洋五次在马六甲驻足，闽南很早就有人定居于此，其中有些人与当地土著妇女通婚，形成了独有的峇峇娘惹社群。据 1613 年伊里狄所绘的满剌加（马六甲）城市图，在满剌加河西北，标志有中国村、漳州门及中国溪三地，即华侨聚居地。葡萄牙现存最早史料记载，在正德四年（1509）葡萄牙人到达马六甲港时，一旁的海岛泊有三艘闽南人的船，中葡船长互相登上了对方的船。正德六年（1511），葡萄牙人率领 19 艘军舰袭击马六甲，在港外和中国帆船相遇，中国商人还用杉板船接应葡萄牙先锋部队登岸，这些中国商人就是闽南海商。占领马六甲后，葡萄牙人发现这里的华人大都讲闽南语，且十分团结，于是实行华人自治。1641 年，荷兰取得马六甲统治权，任命来自漳州龙溪的郑芳扬为首任华人甲必丹。1824 年，英国占领马六甲，也大多委任闽南后裔或侨生为华人领袖。

马来亚槟城于 1786 年被英国殖民占领，18 世纪末至 19 世纪初闽南人大量移民槟榔屿，其中来自的海澄三都（今厦门市海沧区）陈氏、石塘谢氏、霞阳杨氏、新江邱氏、锦里林氏五大姓建立起颍川堂陈公司（前身为陈圣王公司）、石塘谢氏世德堂福侯公公司、霞阳植德堂杨公司、龙山堂邱公司、林氏九龙堂等早期的移民社会群落，逐渐形成闽南人主导槟榔屿社会的主流，使槟城发展成为远东最早的转口贸易港和商业与金融中心。另一些闽南人在沿海建起成片的木屋村，称为"姓氏桥"，主要从事港运生意，有王氏桥、林氏桥、陈氏桥、李氏桥、杨氏桥和杂姓桥等十余座桥，现被列为世界文化遗产。其中"姓周桥"最大，保存较为完好，居民来自同安县杏林社（今厦门市集美区杏林社区）。

槟城姓氏桥

新加坡岛于 1819 年被英国占领，进入大开发时期。最初参与开发的大多是来自马六甲和廖内群岛的闽南籍华工。1821 年起，新加坡直接从中国输入华工。史料记载，道光元年（1821）同安翔风里澳头村就有大帆船开往新加坡港，大批移居新加坡的

闽南人成为推动当地经济发展的生力军。当年岛上居民约 5000
人，其中华侨有 1000 多人，闽南籍的约占 70％。1828 年，从马
六甲移居新加坡的漳浦人薛佛记等华商率领同乡兴建了"恒山
亭"，作为福建同乡的联谊机构。1839 年，海澄籍富商陈笃生带
头集资在直落亚逸街兴建"天福宫"，作为福建籍华侨祭祀和聚
会的场所。早期开发新加坡的闽南华侨富商陈金声、陈明水父
子、陈笃生、陈金钟父子，章三潮、章芳琳父子等，也成为华侨
社会的领袖，并为英国殖民地当局所重视。

新加坡牛车水——早期华人的聚居区

新加坡牛车水原貌馆

第四章　近现代的下南洋浪潮

　　鸦片战争后，下南洋进入以劳工为主体的新时期，从晚清的"契约劳工"到民国的"自由劳工"，华人大规模下南洋谋生，掀起近代海上移民浪潮。二战后，大部分华侨加入在地国籍，成为海外华人群体。从1860年开始到20世纪50年代初，近一百年的时间里，大约有1500万中国人到东南亚国家寻找谋生的机会。

第一节　鸦片战争后契约劳工的血泪

　　　　　　喇狸空，喇狸窟，

　　　　　　会得入，艚得出。

　　　　　　卜想掘金去过番，

　　　　　　哪知死甲无身骨。

　　这首闽南歌谣，诉说了近代闽南人过番谋生的艰难、危险和悲惨的命运。

　　鸦片战争打响，帝国主义的大炮打破了清王朝的国门，清政府被迫签订种种不平等条约，包括允许西方殖民国家在东南沿海招募华工。此时，殖民统治下的南洋正处于加速开发过程中，对劳动力的需求非常大，于是在中国招收了大量工人。为吸引华工，他们曾经推出一系列优惠政策，如沙捞越就颁布过一个特别通告，承诺给移民足够的免费土地种植，政府提供临时住屋安置移民，免费供给大米和食盐一年，提供交通运输工具，建立警察

下南洋出发地鼓浪屿与对岸的厦门岛

局保护华人安全，华人可永久居住在沙捞越等。这样的政策对于中国国内流离失所、丧失土地的无业流民来说，具有巨大的吸引力。就这样，大批闽南人为了改变个人或家族的命运，或拖家带口，或只身一人，满怀着希望与梦想前往南洋打工。但后来，由于殖民地对劳动力的需求与日俱增，在利益的驱动下，招工洋行开始采用拐骗、绑架等手段来贩卖华工。苦力贸易导致 300 万"契约工人"被贩卖到世界各地。1841－1875 年间，福建省年均出国人数 1.5 万人，1896－1900 年间增加到 7 万人，这当中大多数是闽南人，至辛亥革命前后，有 136 万人迁往海外，大部分前往东南亚的种植园和矿山。

一、 猪仔贩卖

在那个年代，应募出洋的劳工都要订立契约，以出国后的工资为抵押，换取出洋旅费。所谓"契约华工"也不过是一个好听的称呼而已，其实他们还有一个更为人熟知的名字——猪仔。这个名称最早出现在《澳门纪略》中，其中描述这些中国劳工在被运出国之前，常常被成群地关在一起，吃饭的时候，食物都装在一个大盆里，劳工们只能像猪仔一样围盆抢食。

德记洋行的华工契约

当时，各国在东南沿海设立了许多招工洋行、公所，通过雇佣"客头"（猪仔头），将准备掠卖的贫民关在"猪仔馆"，再偷偷地装上"猪仔船"，运往外国殖民地。这些"洋行"就是贩卖人口的非法机构。他们甚至使用诱拐、绑架等手段掠卖华工。"猪仔馆"就是囚禁"猪仔"的监狱，有些人在未开船之前即遭虐而死，弃尸海滩。香港总督包令曾目睹华工的悲惨情形："几百个苦力聚集在巴拉坑里，个个剥光衣服，胸前各自按照准备把他们送去的地方，分别打上印记。"

"猪仔"

德记洋行与和记洋行码头

鸦片战争后，厦门成为对外开放的五个通商口岸之一，1845－1850年，厦门设立了德记洋行、和记洋行、怡和洋行、瑞记洋行等，掠卖"契约华工"便是从厦门开始的。1845年

鼓浪屿和记洋行遗址

初，法国在印度洋的波旁岛（今译为留尼汪岛）殖民官员前来厦门招收工人，英商德记洋行掳掠180名华工，由一艘法国帆船运往该岛经手倒卖。紧接着在1846年初，德记洋行又将200名厦门华工卖往该岛。自道光二十五年（1845）到咸丰三年（1853）三月，专门到厦门从事华工贩运的西方船只多达40艘，其中英国船34艘，占85％。德记洋行是当时最大的贩卖华工经纪行，与和记洋行凭借特权共同包揽厦门一带的华工交易。他们罗网一伙地痞流氓，唆使其四处诱拐，绑架平民百姓。

二、　旅途艰险

近代"猪仔"是被作为奴隶贩卖出境的，所以他们的命运十分悲惨。华工下南洋第一个生死关便是漫长的海上航行。贩运华工的船只往往空间狭小，设备简陋，卫生条件更是堪忧，被称为"移动地狱"。他们只能蹲在船舱里，吃的是腐坏的食物。因航行时间长、舱内空间密闭，航程中常发生疫情，很多华工还没到达目的地，便死在船上，尸体被直接丢进海里。每艘船里能活着抵达南洋的华工其实只有半数左右，为此，在装运"猪仔"时，猪仔馆的老板总是尽可能的超额装载，以保证到南洋后活着的"猪仔"还能达到预期的数量，从而获得丰厚的利润。

除了要忍受艰苦的环境，航程中还要饱受殖民者残酷虐待。他们随意打人杀人，甚至将重病的华工扔入海中，这样的行为激

满载华工的大帆船

"猪仔"在厦门上船

起华工们的反抗。据统计，从道光三十年（1850）至同治十一年（1872），运载契约华工的船只在航行途中发生 38 起重大暴动事件，其中 11 起发生在从厦门港起航的船只上。1852 年 3 月 20 日，运载 410 名闽南契约华工的"罗伯特·包恩"号在航行途中发生了震惊世界的暴动，船离开厦门的第六天，船长布来恩把华工集中在甲板上，命令水手用水和大扫把冲扫华工身体，并强行剪去华工的发辫，华工不堪受辱，奋起反抗。在激烈搏斗中，华工数十人被杀，华工打死船长和 5 名船员，控制船只驶往台湾，不幸在琉球群岛南面的石垣岛附近触礁搁浅，380 名华工只得弃船上岸求生。不久美、英军舰追随而来，大肆捕杀，被捕者被送往香港作为"海盗"审讯，逃脱者则躲进当地的深山老林中。

三、 落地艰辛

　　幸运活下来的华工，到达目的地后同样面临艰难困苦。以马来半岛来说，英国为获取廉价劳动力，在新港、海口等处设有联号，名为接待华工的客栈，实为囚禁华工的牢房。"联号"均设有一排圆木大栅栏，用来禁闭新到的"猪仔"，且有武装人员看守。"猪仔"运达后，须剥光衣服，实行拍卖，与牛马无异，有的卖入矿场，有的卖往南洋各地的胡椒、香料、甘蔗等作物的种植园。

　　落地移民一是要适应异于家乡的自然环境。马来半岛的土壤和气候条件是胡椒、甘蜜、烟草、甘蔗、橡胶等各种经济作物的理想家园，19 世纪开始的几十年间，先后有 2000 多座大型胡椒种植园，3000 多座大型甘蜜种植园，上万座烟草、甘蔗、橡胶种植园开垦于密林深处。同时，各种危险也隐藏其间，荆棘、瘴气、蟒蛇、身量巨大的蝎子等，在密林中不足为奇。最可怕的是老虎，根据记载，当时仅仅在马来半岛，就活跃着 2 万只以上的马来虎，华工在密林间工作，每天都会有人被老虎吞入腹中。在矿场，华工居住的棚户区环境嘈杂，四五人住 3 平米的木板隔

印尼棉兰深山中的锯木华工

印尼棉兰工地的华工

码头的搬运华工

间，但对那些整日劳作的"猪仔"华工来说，这已是最好的居所。

海外华工不仅面临着恶劣的工作环境，每天做着超负荷高危险的工作，吃的也是如猪食一般的食物，几乎没有医疗机构的帮助，每天都有饿死、累死、病死的劳工。在如此艰险的环境中，华工们换来的酬劳却只是"猪仔钱"——一种由陶瓷、纸或锡制成的，只能在种植园或矿场内部流通的货币。只有到年底才能将这种"猪仔钱"换成货真价实的钱币带走。但是绝大部分的人到了年底却无钱可换。因为在艰苦劳作之余，许多人在当地沾染了嫖赌恶习。在那个环境下，大部分人无法出污泥而不染，当时流传有一句俗语："不嫖不赌，饭碗跳舞。"

有人根据资料算了一笔账：一名"猪仔"从招募到运抵南洋，盘缠食宿费用约 50－60 元，"售价"200－300 元。根据契约，每月工资 5 元，期限 3 年，共 180 元，但经层层抽剥，所得不过数 10 元。正常情况下，3 年期限一到，即可获自由，但因许多人在当地沾染赌博嫖娼等不良嗜好，欠下债务，就只能继续当"猪仔"抵债。等到熬完苦难的"猪仔"生涯，得到自由，总想着多攒点钱再风风光光地叶落归根，但能实现愿望的人并不多，大部分终生留在南洋，终老于南洋。

猪仔贸易，腥风血雨，但清政府却不闻不问，直到福建、广东等地的百姓纷纷走上街头，揭露殖民者压迫契约华工的滔天罪行，清政府才迫于压力前往南洋、美洲调查取证，与殖民者谈判。辛亥革命后，孙中山发布大总统令禁绝贩卖"猪仔"，各国殖民政府才相继在 1914 年前后废止契约劳工制，改为自由劳工制。

第二节　清末民初南洋华侨的报国情怀

清代后期，移民的高潮持续不断，从 20 世纪初到二战期间，又掀起一波更大的下南洋浪潮。

一、 移民潮达到顶峰

清末民初，国内政局动荡，军阀横行，农村械斗不断，经济衰败，百姓生活穷困。而东南亚在殖民宗主国的扶持下，除了传统的种植园、采矿业得到发展，铁路、航运、金融、制造等新产业也获得空前发展，急需劳工，使得中国大批民众出国谋生。此时厦门与海峡殖民地及荷属爪哇等地之间的航运业兴盛不衰，在1902 年至 1911 年间，平均每年从厦门出港的劳工人数达 6.5 万人。第一次世界大战后的 10 年间，因东南亚橡胶业与锡矿业发展，对劳工的需求量激增，出国人数大量增加，向东南亚移民达到顶峰。

印尼巴达维亚的草铺华人街

1929—1933 年爆发世界经济危机，东南亚一带经济受到打击，大规模的移民潮结束。1937 年 7 月，日本发动侵华战争，从厦门流向国外避难的人数有所增加，人多前往英属殖民地马来亚半岛，还有一些去往菲律宾和印尼。1941 年太平洋战争爆发后，下南洋基本终止。

二、 支持辛亥革命

中国国势贫弱，使侨胞在海外受尽殖民主义者的欺凌压榨，广大海外华侨渴望祖国摆脱贫穷落后，走上富强的道路，于是积极拥护孙中山引领民主革命，对辛亥革命作出了重大贡献，孙中山赞誉华侨为"革命之母"。

闽南华侨竭尽全力支持辛亥革命，不少人成为革命的骨干力量，孙中山得力的助手。有香港兴中会总会会长、为辛亥革命牺牲的第一人杨衢云（漳州籍），担任孙中山临时大总统内务部卫生司司长的林文庆（龙海籍），"南洋革命党第一人"、同盟会新加坡会长陈楚楠（厦门籍），"呼号奔走最有力者之一"陈新政（厦门籍），同盟会缅甸支部会长庄银安（厦门籍），同盟会霹雳会会长郑螺生（厦门籍），菲律宾同盟会会长郑汉淇（厦门籍）等。

闽南华侨还竭尽财力鼎力帮助孙中山完成革命伟业。同安籍徐赞周、黄仲涵、庄银安、陈嘉庚，海澄籍吴世荣，永春籍郑成快，晋江籍林景书，泉州籍邱允衡等，曾为筹集革命经费做出贡献。不少闽南华侨为助力革命回国返乡，致力于家乡革命工作的开展，为闽南的光复前赴后继，竭尽心血。

闽南华侨还积极创办刊物。陈楚楠创办了《图南日报》《中兴日报》，肖佛成创办了《华暹日报》，庄银安创办《光华日报》《进化报》等，致力于革命思想的传播。

三、投身抗日战争

1931 年九一八事变后，广大侨胞大力开展救国运动，抵制日货，捐款支援东北义勇军和国民革命军第十九路军。李清泉、黄奕住等募捐飞机 15 架，成立了"菲律宾华侨飞机队"，越南华侨颜子俊（永春人）募捐飞机 10 架，献给祖国参加对日作战。

1937 年 7 月 7 日，抗日战争全面爆发后，东南亚各地华侨纷纷组建救国

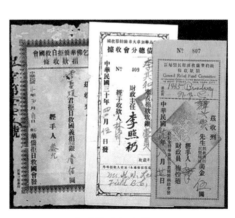

海外侨胞捐款凭

救乡的联合组织。为提高华侨抗日团体的工作效率和广泛地发动华侨投身祖国救亡运动，1938 年 10 月，"南洋华侨筹赈祖国难民总会"（简称"南侨总会"）在新加坡成立，推选陈嘉庚为主席，庄西言、李清泉为副主席，李铁民（永春人）为秘书。"南侨总会"号召侨胞"各尽所能，各竭所有，增筹款项，推销公债，以救济中国抗战中之难民"。还有李光前、叶玉堆、陈六使、曾江水（厦门人，马六甲首富）等，都积极捐献。据统计，从 1937 年至 1940 年，"南侨总会"共募集支援祖国抗战的义款约 5 亿元，还募得寒衣 50 万件和价值 250 万元的药品。

还有一些华侨毅然回国，拿起武器直接参战。28 名（闽南籍 21 人）华侨青年组成"菲律宾华侨回国抗日义勇队"，辗转跋涉，踏上了抗日救国的戎马征程；南侨总会组织 3192 名"南洋华侨机工回国服务团"参加滇缅公路大运输，在中国与外界联系的唯一国际通道上抢运物资，为支援祖国抗战做出了重要贡献；"南洋华侨回国慰劳视察团"在陈嘉庚、庄西言率领下，遍历祖国西北、西南、中南、东南各地，慰劳抗日将士，还往延安访问 8 天，会见毛泽东主席、朱德总司令。闽南华侨中也涌现出许多抗日英雄，如印尼华侨"雁北游击战争女英雄"李林（龙海人）、马来亚华侨"空战英雄"肖德清（德化人）、菲律宾华侨"保卫祖国领空的华侨英雄"王炮（晋江人）、"华侨将军"黄登保（厦门人）、华侨救伤会会长林可胜（厦门人）等。

抗日巾帼英雄李林

第三节　二战后南洋移民的遑遑过渡

一、 华侨与华人

二战后，东南亚各国纷纷挣脱殖民统治的枷锁，土著民族主义分子于是获得了政治上的统治权，晚清和民国时期由血统确定国籍的惯例使得华侨的国籍问题变得十分突出。为了避免国际间的纠纷，20世纪50年代，中国和印尼签订了《关于双重国籍问题的条约》，新中国不再承认华侨的双重国籍，鼓励华侨加入在地国的国籍。面对国籍选择的问题，华侨们心理上还未做好准备，再加上在地国对侨居者入籍加以各种阻碍，一时间人心惶惶，局面混乱不堪。随后，华侨中的一些有识之士开始发起争取公民权运动，为华人入籍的权益而抗争，其中杰出闽南籍代表有高德根、孙炳炎、陈祯禄、林苍祐、林连玉等。加入在地国的国籍后，大部分华侨才真正在东南亚的"落地生根"，加速了南洋移民与当地人民的同化进程。

二、 排华与难侨

由于西方殖民主义者在殖民地实行分而治之政策，华人在东南亚取得了很大的成就，当祖国危难之际，许多华人把大量的钱汇往中国，引起当地民族主义者的仇视，加上当时国际共产运动的政治影响，中国移民在东南亚各国普遍受到的排斥、打击和迫害。

在印尼，二战后当局制造了多次排华惨案，包括1945年11月的泗水惨案、1946年3月的万隆惨案、6月的文登惨案、8月山口洋惨案、9月的巴眼亚底惨案和1947年1月巨港惨案等等，在此期间，华人、华侨死伤3500人，失踪1631人。1965年，印尼军方发起针对印尼共产党的血腥屠杀，数十万华人在屠杀中丧命。1998年5月13日至16日，印度尼西亚暴发了一系列针对华裔社群的屠杀行动，数万名华裔受到有组织的虐待与杀害，史称"黑色五月暴动"。

印尼"黑色五月暴动"

在马来西亚，1948 年英国殖民者将散居于森林、乡间或矿区的 60 万华人集中到 600 多个新村内，以限制华人于马来西亚共产党势力范围之外。1969 年，吉隆坡街头暴徒挥舞着匕首冲入华人聚居区烧杀抢掠，仅仅 8 分钟内就杀害了 45 名华人。

除此之外，1975—1986 年越南的排华运动共驱赶华人超过 150 万。1975 年柬埔寨红色高棉时期，"桔井事件"导致数十万华人殒命（柬红色高棉军队开进桔井市中心，用机枪对准华人住宅，将华人驱赶回农村种田）。

为保护华侨，新中国政府接回许多难侨，大部分集中安置在福建和广东。厦门市的同安竹坝华侨农场就是 1960 年 3 月为安置印尼难侨，由福建省政府创办的。农场于 1960 年至 1961 年安置三批印尼归侨 311 户 1504 人，1978 年 5 月又安置两批从印尼、越南、柬埔寨、泰国、缅甸、新加坡、马来西亚、菲律宾等地归国难侨 624 人。

三、 归侨与侨务

战后相继独立的东南亚各国对来自中国的移民采取了严格的限制政策，加上新中国社会逐步安定和经济恢复好转，出国移民基本停止。只有 1972－1973 年间和 1978－1979 年间因中国放宽归侨、侨眷出境审批，曾出现两个新移民小高潮。其间，许多华侨因各种原因选择回国，留在海外的华侨也始终与祖国保持联系，有的把孩子送回祖国读书，厦门大学、华侨大学就接收了很多侨生。

华侨们心系家乡，积极回国投资建设，兴办实业，其中侨汇是侨乡重要的经济来源。侨汇在早期主要通过水客带回家乡，后来这一产业催生了近代的"民信局"。早年的民信局有成立于清同治十年（1871）的郑顺荣批馆，创办于光绪三年（1877）的黄日兴信局，后来又陆续建立了天一、鸿信局、新顺和、晋利、连春、三春、捷顺安等信局，逐步形成以厦门为中心的

黄日兴银庄付中南银行的支票

侨汇网络。20 世纪 20 年代，华侨开始经营银行业。1921 年黄奕住在上海成立了中南银行，新加坡华侨银行、菲律宾中兴银行等都在厦门设立分行，此外还有厦门商业银行、厦门集友银行等。当时大量侨汇涌入，为厦门市市政建设做出了很大贡献。新中国成立后，大批归侨回乡支持建设事业，例如厦门当时成立了华侨投资公司，建起华侨啤酒厂、华侨新村等。改革开放后，更有大量华侨回乡投资，大大促进了侨乡的建设。

侨务是联络华侨情感，维护侨民利益的重要工作。福建很早就设有管理华侨事务的相应机构：清咸丰九年（1859）设有"出

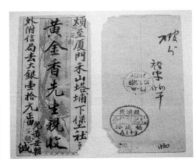

侨批（1）　　　　　　　　　　　侨批（2）

洋闻讯处"，光绪二十五年（1899）设"福建保商局"；民国时期先后成立"福建暨南局"（1912）、"福建侨工局"（1920）、"福建侨务委员会"（1927）、"厦门侨务局"（1934）等。新中国成立后，"厦门市归国华侨联合会"（1950）成立，积极沟通人民政府与广大归侨侨眷和海外侨胞的联络。1979 年 10 月，以归侨、侨眷和有海外关系的人士组成的中国致公党在厦门建立中国致公党厦门市委员会，为促进广大华侨参与厦门经济建设作了大量服务工作。

在新世纪，我国提出建设"一带一路"的倡议，东南亚成为我国周边外交的优先方向之一，成为 21 世纪海上丝绸之路重要集结地区和枢纽。我们应综合历史与现实情况，充分发挥好广大华侨华人的作用，着力构建良好的对东南亚地区的合作格局，构建人类命运共同体。

第五章　青云亭构建的早期华侨社会

　　华人庙宇在传统及现代的华人社区中，一直发挥着不可替代的作用。早年中国人"过番"要历尽艰险，为祈求一路平安顺风，出发前一定要到当地宫庙祈求神明的保佑，随身携带家乡神明的香火袋或金身，有幸抵达目的地以后，便虔诚地将之安奉于"估俚间"，作为他们寄居异地的精神支柱。待事业有成或子孙发达后，就大兴土木、建庙修祠。这些华人庙宇是当地华侨华人的信仰中心，也是中华传统文化活动举办的重要场所。同时，当地华人会通过庙宇建立一些相互帮扶的自治组织，而殖民者则让一些庙宇扮演华人的管理部门，这些庙宇便成为华人社会的政务、法庭以及精神信仰的中心，如马六甲的青云亭、雅加达的金德院（1650）等。其中，马六甲的青云亭是最具代表、最负盛名的"政教复合"的领导机构。

青云亭外观

第一节　马六甲的闽南古刹

　　青云亭坐落于马六甲的庙堂街（也称亲善街），坐东向西，占地 49520 平方尺（约 5500 平方米）。其正对面是座传统戏台，左边是金星法师为了纪念恩师香林法师而创建的香林寺，右边是两列店铺，背后就是被列为世界文化遗产的鸡场街了。青云亭是典型的闽南"三川"殿，雕、塑、彩、贴、砌、写、画等装饰手法多姿多彩，是座古色古香的闽南传统建筑。

屋沿塑像　　　　　　　　　　　　剪瓷雕

　　青云亭大殿正座供奉观音大士，左右为关帝和天后圣母。殿堂四周围及庭院、偏殿祀孔子和其他神祇。庙的后殿奉甲必丹李为经、甲必丹曾其禄等，是一座释、道、儒合一的宣庙。

青云亭大殿

青云亭名字的由来，据 1801 年立的《重兴青云亭碑记》记载：“吾想夫通货积财，应自始有，而臻富有莫大之崇高，有凌宵直上之势，如青云之得路焉，获利故无慊于得名也，故额斯亭曰青云亭”，是取

石碑室

“平步青云”之意。因主神是观世音菩萨，俗称“观音亭”。

青云亭现存的许多碑铭、匾额及神主牌，这些都是研究早期华社（马来西亚华人社群惯用语，是华人社团、华人教育、华人报章的总称）的珍贵史料。其中最古老的石碑，就是立于清康熙二十四年（1685）的“甲必丹李公济博懋勋颂德碑”。此外，还有几块流传久远的石碑，即立于康熙四十五年（1706）的“曾公（其禄）德颂碑”，以及“甲必丹蔡士章重兴青云亭碑记”等。

第二节　青云亭建庙史略

青云亭创建的确切时间存在颇多争论，难以确知。有人说有华人就有青云亭，它大约有 500 年的历史了。有的则推断青云亭在明万历二十八年（1600）前就存在了。庙内碑文资料有创建史记载的，仅见于薛文舟亭主在道光二十五年（1845）所立“敬修青云亭序碑”：“自明季间，郑、李二公南行，悬车于斯，德尊望重，为世所钦，上人推为民牧，于龙飞癸丑始建此亭。”龙飞癸丑年，即公元 1673 年，这是学者普遍接受的创建之年，创建之人即青云亭第一任甲必丹郑芳扬和第二任甲必丹李为经。康熙

三十七年（1698）法国使节弗罗吉在其《第一个法国使节团出使
中国的航行日记（1698—1700）》中，详细记载了途经马六甲时
到青云亭参观的情形，并绘有马六甲市街图及青云亭简图。

青云亭经历三百余年岁，自1704年至1999年间，前后共经
过十一次扩建、重修，方有今日雄伟规模。

清康熙四十三年（1704）马六甲第四任华人甲必丹曾其禄扩
建大雄宝殿。庙内的观音堂（即大殿）就是曾公所建，观音堂中
有一木匾，上刻着"青云古迹"四字，据说为其所书。

李为经颂德碑

"云山第一"木匾

清嘉庆六年（1801），华人甲必丹蔡士章加造重修，初步形
成了青云亭今日的面貌。蔡士章在庙内设赠医施药所，开展慈善
活动，现今大殿悬挂"云山第一"的木匾是其亲笔所书。

清道光二十五年（1845），亭主薛文舟独自出资维修。

清同治六年（1867），亭主陈金声联合董事捐资修葺修饰，
历时三年完成。光绪十六年（1890），陈若锦（大钟楼建造者陈

明水之子）建戏台。光绪二十年
（1894），亭主陈明岩再倡重修并
筑禅房，耗时两年完成。

1906 年和 1909 年，耆老们
扩建大众爷神主位、英风祠和群
公祠；1950 年，四大理建造香
烛售卖处；1960 年，因时醮祭
人失误损坏，吴志渊发动修建委
员会筹款重修。1999 年，四大
理再次组织重修，于 2005 年竣
工，并于 2002 年获得联合国教
科文组织颁发的"亚洲太平洋区
古迹修复工程优越奖"。

蔡士章肖像

第三节　青云亭的三种运作模式

一、甲必丹制度时期（1673—1824）

葡萄牙和荷兰统治马六甲时，华人事务由其委任的华人甲必
丹处理。身为殖民政府官吏的华人甲必丹，负起了维持社会秩
序、解决华社纠纷、审判轻刑案件、发展华社事业的重大责任。

绍兰公司簿

甲必丹历来都在青云亭设立官署。这一阶段的青云亭不仅是华人的宗教信仰的中心，也是统治华人社会的政务所、法庭，任何有关华人的事务都由华人甲必丹去处理，纠纷诉讼案都由甲必丹秉公审判。

因年代久远，册籍遗失，马六甲历任华人甲必丹的任职时间已无从考证，只有现代史家提供的十位甲必丹之名表，即是：郑芳扬（启基）、李为经（君常）、李正壕（仲坚）、曾其禄（六官）、曾宪魁（光辉）、陈承阳、陈起厚（淳廉）、蔡士章（笃平）、曾有亮（敬信）和曾世芳（佛霖）。

二、 亭主制度时期（ 1824—1915 ）

英国人在 1824 年接管马六甲，废除了华人甲必丹制度，但华社不愿失去数世纪来传统的华人领袖制度，遂以青云亭亭主取代甲必丹的领导地位，继续以青云亭作为华社管理和活动中心。

亭主制度机构设置为：亭主→副亭→四大理事→里长、大理公项、总巡、总管，平均每个月召开一次同堂会议，讨论亭内大小事务。倘若面对重大问题，则召开全甲华社特别大会，共商对策。

这一时期的亭主只管理华人社会事务，并没有仲裁司法权，最严重的惩罚，仅限于不允许受裁者享有青云亭提供的帮助，如下葬于三宝冢山或日落洞冢山。

亭主制度实行了 91 年，共有 6 位亭主：梁美吉（1824—1839）、薛佛记（1839—1847）、陈金声（1847—1864）、陈明水（1864—1884）、陈明岩（1884—1893）、陈若淮（1893—1915）。

三、"四大理" 制度时期（ 1915 年至今 ）

英国海峡殖民地政府于 1911 年开始实施"华民政务司公署制度"，最后一任亭主陈若淮 1915 年 8 月逝世后，"亭主制度"正式被废除，改为"四大理"统领制度迄今。

1949 年 9 月，马来亚联邦立法议会通过了《青云亭机构法令》。"四大理"机构划分为主席、副主席和大理,"四大理"人数至少 4 名、至多 6 名,其下设咨询顾问和一般会员。咨询顾问人数至少 17 名、至多 24 名,当中 10 人由"四大理"委任。"四大理"制度确立以来,主席历任 13 届,主席、副主席、四大理成员绝大部分为福建籍侨生。

祖印祭台

此时青云亭机构职能为开展佛教、儒教和道教宗教活动,管理庙宇、冢地产业,管理华人婚姻注册处、火葬场,开展慈善活动,其宗教活动主要由大和尚住持,青云亭已不再是华人社会的最高管理机关,只是一座纯粹的神庙了。

第四节　青云亭在华人社团中的地位和作用

在葡、荷、英的殖民统治下，马六甲青云亭作为华人自治机构和华人社会最高的管理机构，以团结华人为己任，在助力华人立足马六甲方面发挥着重要的作用。特别要提到的是，在青云亭的领导下，华人华侨从马六甲出发，参与了槟城、新加坡等地开发，许多马六甲青云亭的甲必丹成为了新加坡和槟城重要的开拓者。

一、　殖民政府和华社的中介者

在甲必丹制度时期，青云亭是管理华人、处理华社事务的官署。据史料《条规簿》所载："原夫兰城之有青云亭，凡事掌之，皆由甲必丹。盖甲必丹之名，是由荷兰赐爵，所以立也。"甲必丹负责管制中国商船、检查蔗厂、修建道路桥梁、处理财税遗产及婚姻纠纷、治安防火、登记与管理户口、巡查寺庙、办义学、办救济院与寺庙捐款、坟地分配等民事，以及下达殖民政府有关华人案件的调查等，凡是华人有不服从其指令或举止不端者，则向荷兰总督报告，并提出惩罚的意见。在亭主制度和"四大理"制度前期，青云亭担任英殖民政府和华社的中介人，充当"上情下达，下情上达"的角色。当英殖民政府设立新措施或欲筹办活动须华社给予支持时，参政司、华民政务司将发函给青云亭，由诸耆老统筹解决，或召集各商人及会馆领袖公议处理。1949 年《青云亭机构法令》出台后，青云亭的角色从"政教复合体"转型成一个纯粹宗教社团，即"青云亭机构"。

二、　华社纠纷的裁判者

青云亭在甲必丹制度时期曾是华人甲必丹解决纠纷的仲裁处，在解决华社纠纷方面有司法判决权，办案时予以劝解，必要时有权加以惩处。其惩处方式如罚演戏、鞭笞、游街示众、赔礼道歉、盟神罚誓或押送囚禁；较严重的刑事案件，则移交殖民政法部门处理。到了亭主制度时期，亭主为华社所拥立，失去官方依仗，在解决华社问题方面显得力不从心。亭主所裁决的案例，有时不被受裁者接受，为此，订下一个条规：请求青云亭公断诉讼事，双方事先必须立约，誓言遵守仲裁，否则不予处理。到了"四大理"时期，华社纠纷的裁判者的角色也完全消失了。

三、 华社组织的代理者

在甲必丹时期的青云亭地位特殊，其管治华社权力受到荷兰殖民政府的承认，是在地华社的领导机构；到了亭主制度时期，青云亭失去行政职能，但仍通过公议对华社有一定管理权，可接管、代理华社公产公项，如在此期间接管了同善社、朱池二府王爷宫、玉虚宫、培风学校、冢山地段，代理玉霄宫公项。到了四大理前期，青云亭仍被视为华社的首领，必要时可以召开特别大会，邀请各会馆董首及商界等前来同堂公议。此间曾接管温府王爷华德宫、万怡力大伯公庙（曲江庙）、清华宫和勇全殿建醮迁船公项。1949年后，此项职权逐步消失。

华德宫

勇全殿王船游行

四、 社会事务的承担者

青云亭很早就有提供婚姻注册、丧葬和慈善福利服务，至今仍在华人社会的慈善事业、人道与宗教、解困救急与施葬方面发挥积极作用。

在婚姻注册方面，在甲必丹制度时期还没有明确记载，但在亭主制度时期就有相关婚姻注册和婚礼服务的相关条款记录。在四大理时期，曾召开甲埠特别大会决定相关问题，制定四大理担任证婚人等相关条款，还设置了结婚注册礼堂，提供交寅轿（闽南语婚轿）、鼓吹阵服务。1949 年后，到青云亭进行婚姻注册的华人已不多，到 1970 年，庙宇婚姻注册因在婚姻法律上没有保障而终止，婚礼服务也因传统婚俗不再流行而停止。

在丧葬方面，青云亭辖下三宝山（又名"三保山"）、日落洞冢山及后来新设立的火葬场和骨灰塔等。其中三宝山作为马来西亚华人文化"发源地"，至今仍受到高度重视和拥护。在丧葬仪仗、丧葬设备服务、墓地风水等方面，青云亭始终与华社有着密切的联系。

三宝山

在慈善福利方面，青云亭对老耄贫苦者、失去经济能力的寡妇、残障和孤苦者予以长期资助，还在赈济灾民、发展华文教育上不遗余力地付出。

五、 庙宇事务管理者

在宗教祭祀活动方面，青云亭曾是殖民区域最早拥有汉传僧人的道场，也是这一区域规模最大的汉传佛教庙宇。同时，庙宇里也供奉道教、儒教神明和祖先的牌位，凸显出华人宗教信仰的

香林寺

特色——泛神崇拜。在甲必丹制度时期，祭祀注重四季祭和庆赞中元节所办的绍兰会活动，在亭主制度时期则注重神明建醮，在四大理时期有王爷巡境、超度法会、祈福会等。

掌管庙宇公产方面，主要围绕厝税和地税展开，着重管理四季祭祀费用，包括厝税、地租、修理厝费用和修理灯火费用的账目统计等，还须处理放利、公班衙、门租和吹礼支付等财务。青云亭除本庙房产外，还下辖有三宝山、日落洞冢、火葬场和骨灰塔等，在前期还代管其他华社的财产。

第五节　甲必丹郑芳扬、李为经、曾其禄

青云亭创立主力是海贸股商，当初这一群体仅 400 余人，有许多是明末遗民，领袖人物有郑芳扬、李为经、曾其禄三位甲必丹。

一、郑芳扬

郑芳扬（1632—1677），又名郑启基，别名郑明弘，生于崇祯五年（1632），祖籍福建漳州府龙溪县。年少时，他随着贫穷的父亲离开故乡漳州府，渡海到马六甲谋生。郑芳扬为人豪爽，讲信用，来自世界各国的人都愿意与他做买卖，很快便成为当地一大富商。《敬修青云亭序碑》1845 年或 1846 年曾提及郑芳扬及李为经因德高望重，为人民所钦佩，因而被"上人"推举为"民牧"，号称甲必丹。因为郑氏是目前有墓碑及神主牌可考的最早的华人甲必丹，华人称他为"郑甲"。

"奉祀郑芳扬禄位碑"（1846 年或 1847 年）记载云，"郑公讳芳扬，乃先代之英贤，实传世之豪俊也。故能开基呷国，始莅兰城，善政早播于闾阎，芳名久载于史册"。第二任亭主薛文舟追溯其功德，为他设立长生禄位供奉于德堂内，神主牌上刻有"开基呷国特授甲必丹讳芳扬郑公禄位"。

二、 李为经

李为经（1614—1688）字宏论，别号君常，同安县嘉禾里（今厦门）人。研究者普遍认为青云亭是郑芳扬创建的，再由李为经发扬光大。由于李为经为人"行己恭""事上敬""养民惠"，因此他的事迹"脍炙讴歌，相传勿替"。依据"甲必丹李公济博懋勋颂德碑"（1685）所载，李为经"因明季国祚沧桑遂航海而南行"。所谓的"祚"，即"皇位"，这说明

李为经画像

他是因明朝君位"沧桑"之故南来马六甲，此颂德碑与"奉祀郑芳扬禄位碑"同署"龙飞"年号，具有"反清"的意味。

青云亭除了有李为经神主牌，还挂有李为经的画像。画像中李为经身穿蓝色的明朝大袍，戴着黑色的明朝帽，相貌堂堂，威严庄重。画像上有第十二任华人甲必丹曾有亮所题缵言，画像两旁有亭主薛文舟的题联："万里外治民到底无亏善政，百年前着绩至今犹仰高风"，褒扬李公对华社的功绩。

李为经在 74 岁高龄去世，葬于马六甲今唐布郎山之东，华侨林芳开等 13 人为其勒石置立"甲必丹李公济博懋勋颂德碑"。

李为经曾经多次想返回厦门。康熙十六年（1677），他委派其长子李正坤及诸弟侄返乡与叔叔李邦天商讨迁返厦门之事。后因"三藩之乱"不遂，才决定定居马六甲。现今，马来西亚的马六甲还有李为经留下的房子，以及他当年从厦门带去的妈祖像。其长子李正坤与其叔叔从厦门返回马六甲途中遇难葬身大海，故次子李正壕接任甲必丹，但早逝，后由曾其禄接任甲必丹一职。

三、 曾其禄

曾其禄（1643—1718），号耀及，据"曾公德颂碑"记载，他是"鹭岛曾家湾人也"；其神主牌则说他为"福建银同禾浦人"。"银同"是泉州府"同安县"之别称，明清时的"鹭岛"或"鹭江"，即今日厦门。曾其禄在家中排行第六，故也称"六官"，为李为经女婿。曾其禄的神主牌"故明显考避难义士伯中曾公神主"，可见他或因明亡而不愿受清人统治，或为了躲避战乱，或者曾参与反清复明而逃难马六甲。曾其禄曾经尽心援助移居到马六甲的华人，包括穷困的农民、无资本的商人等，对沉迷于赌博的人则设禁防，对逝世而无依者买地为之下葬。

此外，"敬修青云亭序碑"提及他曾捐金重修青云亭，营盖寺庙，尊崇佛教。青云亭中至今还安放着曾其禄夫妻的塑像，塑像大约 30 厘米高，身穿明官服。曾其禄与妻子李淑惠合葬墓位于三宝山上，马六甲龙山堂的曾氏族人每年春祭都会到此祭祀，龙山堂以曾其禄的墓为曾氏总坟。

第六章　新加坡天福宫凝聚的地缘群体

　　明清时期随着下南洋的高潮掀起，中国各地的移民在东南亚聚居，开始出现以血缘、地缘、业缘关系的华人群体，其中地缘关系在海外华人社会中具有重要的作用，甚至可说是海外华人社会的组织原则之一。早期这些地缘群体以"帮"来称呼，华人社会主要有五大帮：闽南帮、潮汕帮、广府帮、客家帮、海南帮。在现代社团出现以前，群体以宗祠和庙宇组织来体现，而地缘一般以神缘来象征，神缘的最佳表现方式就是地方神庙，如槟城广福宫（1800 年）、马六甲天福宫（1801 年）、新加坡天福宫（1839 年）、缅甸仰光庆福宫（1861 年）等，其中新加坡天福宫就是最具代表性的宫庙。

新加坡天福宫

第一节　新加坡的福建庙宇

天福宫，又称"妈祖宫"，位于新加坡的直落亚逸（马来文的意思是海湾）街，早期华人称这里为源顺街。19世纪时，直落亚逸街面朝海滩和大海，后来才在此填土造地，使新加坡市区向南延伸。天福宫两侧，则是19世纪中期由南印度来的伊斯兰教徒修建的阿尔阿布拉清真寺和纳宫清真寺。

天福宫是典型的三川殿，建筑设计方案、建造工艺和材料均来自泉州，是正统闽南风格的建筑。天福宫从雕梁画栋、檐脊饰物到彩画门神，整个工艺都非常考究，宫阁木架结构不着一钉。当时建庙用的盘龙石柱、木祭台等建筑材料大多是从福建运过去的，就连庙里供奉的神像也是来自中国。此外，还有些材料来自世界各地，如苏格兰的铁器、英格兰和代夫特的砖瓦等。

天福宫正殿奉祀的主神是身穿红袍的航海之神"天妃妈祖"，东殿堂祭祀关圣帝君，西殿堂则祭祀保生大帝，后殿供奉着佛祖释迦牟尼和观音大士的神像，其对面是孔子的坐像，此外还有开漳圣王、城隍爷、太阳公、月宫娘娘、大二爷伯、伽蓝菩萨、柳金圣侯（千里眼、顺风耳）等，是典型的儒释道三教合一的宫庙。

天福宫内所保存的碑铭《建立天福宫碑记》和《重修天福宫碑记》，以及许多匾额，都是研究新加坡、马来西亚华人历史的珍贵资料。天福宫正殿高挂光绪皇帝1907年御赐的九龙匾，上书"波靖南溟"。在"波靖南溟"匾额之下则是当时的天福宫大董事陈笃生立的"泽被功敷"匾额，此外还有清政府派驻新加坡的领事左秉隆奉献的"显彻幽明"匾。

天福宫宫牌

天福宫木雕、石雕

天福宫正殿"波靖南溟"匾

第二节 天福宫的历史沿革

天福宫所处的直律亚逸街三面群山连绵，一面濒临大海，是一个天然避风港口，14世纪成为华人渔船停泊的港口。这群华人靠海谋生，就在海山护龙之地设坛奉祀海神妈祖。道光元年（1821），以"福建帮"为主的信众建起了一座简陋的妈祖庙。随后直律亚逸风调雨顺，海上贸易日益昌盛，来往船只增多，小小的神庙已无法容纳众多信众。道光十九年（1839），在马六甲青云亭亭主薛佛记的推动下，在原址建起了南洋群岛第一座具有规模的妈祖庙，取名"天福宫"，名称源于马六甲建于1801年"天福宫"（现马六甲福建会馆内）。

庙宇靠山面海，其"山门殿"和"天妃殿"于道光二十年（1840）落成。因建筑材料都来源于福建，海上交通运输困难，后殿续建的"观音殿"至道光二十二年（1842）才告落成。

道光二十九年（1849），天福宫的左右两侧兴建了"崇德楼"（现为庆德会）和"崇文阁"（即后来的崇福女校）。东楼西阁左右对称，朝案并立，丰富了天福宫的建筑形制和群体规模。总体施工于道光三十年（1850）才告段落，并立碑为祀。

天福宫旧照（1890 年）

一百多年来，天福宫进行了多次修复。1906 年福建会馆的会员捐资大面积修复天福宫。天福宫在 1973 年被列为新加坡国家古迹，1974 年再次修复。1998 年进行了规模最大的一次修复，工程历时 3 年，耗资 400 多万新元，荣获联合国教科文组织颁发的"亚太文化遗产表扬奖"等 4 个奖项。

第三节　早期福建社群宗教社会中心

新加坡系闽南籍移民的主要聚居地，其中福建社群的实力最强。天福宫兼具香火庙宇和福建帮总机构双重特性，发挥着宗教和社会双重功能，承办中元普渡、迎神赛会、圣谕宣讲，承担兴办教育、灾荒救济等方面的责任，是新加坡华人宗教、社会活动中心。

一、 妈祖信俗构建的华人群体

妈祖信俗在元明清时期已不是福建人独有的信俗，但在闽南人心目中还是最主要的、最具代表性的神明。妈祖是莆田人，妈祖信俗当然是从莆田兴起的，但五代以前和北宋相当长的一段时间，闽南和莆田属于相同行政区域。妈祖生于北宋建隆元年（960），太平兴国四年（979）才置兴化军，莆田才成为福建省一个独立的行政区域，所以，闽南和莆田从地域到人文都有着极其密切的关系。五代、宋、元时期，泉州刺桐港是东方第一大港，海事在中国历史上占有相当重要的地位，妈祖信俗从泉州向外辐射当在情理之中。大德三年（1299）妈祖被加封为"泉州海神曰护国庇民明著天妃"。

妈祖信俗本来只是福建地方性信俗，随着福建人航海活动的拓展进而发展成为东南沿海地区共同的海神信俗，出海的人普遍要请一尊妈祖神像供奉于船上，以祈求妈祖庇护。闽南人冒险"过番"谋生时，乘坐帆船在茫茫大海中航行，就携带天妃的神像，心中祈求妈祖保护，落地后就建庙供奉。作为故土文化的延

天福宫妈祖神像

天福宫保生大帝神像

伸，妈祖信俗也成了新加坡华人的共同信俗。南来北归的华人都会到天福宫内祭拜，南来者感谢妈祖保佑，北归者祈求海不扬波。在天福宫正殿里悬挂着一副对联反映了当时帆樯云集天福宫的情境：

此地为涉深第一重冲要，帆樯稳渡又来万里拜慈长；

唯神拯航海千百国生灵，庙宇宏开籍与三山联旧雨。

共同的神明崇拜，使华人聚集到一起，天福宫就这样成为华人精神生活的物质载体。

二、 福建帮主导的华人社会总机构

在马来西亚和新加坡，闽南人叫福建人，闽南话叫福建话，歌仔戏叫福建戏。闽南人因海上丝绸之路的推动而较早"过番"谋生，是福建下南洋最早的移民群。新加坡开埠期，其开拓者大多是由马六甲来的侨生，这些闽南商人当时已具有一定的经济实力，通晓英语与马来语，他们以较优之势控制整个福帮社群，闽南人便代表福建人。福建帮及其领袖在某种程度上还代表新加坡华人与英国殖民者打交道，并获得其认可，这也是福建社群领袖成为事实上的新加坡华人社会

与新加坡同脉的马六甲
福建会馆内天福宫

领袖的重要基础。1873 年，海峡殖民地立法议会议员里德指出，"当时在新加坡至少有三位华侨商人起着甲必丹的作用，他们是陈笃生、陈金声和陈金钟"，而这三人均曾为福建会馆领袖，他们在作为福建帮领袖的同时，还为稳定当地的统治秩序效力。

天福宫是福建帮占主导地位，然而福建帮却不排斥其他帮群，华人社会在外部还是一个族裔群体。天福宫并非由福建帮单独创建，也非绝对属于福建帮。妈祖是超越地缘群体界限的共同崇拜的神明，它为华人提供了一个共同的宗教信条，超越了"帮"之间的经济利益和社会地位的差异，产生了巨大的凝聚力。天福宫也成为华侨联络乡谊、处理内部事务、解决族群纠纷、共

谋发展的重要场所。

三、 开启现代社团和华文教育先声

在华人社会，庙宇往往是社团的雏型和前身。1842年天福宫建成后，福建社群总机构的会所由恒山亭搬迁至此。1860年，为应对日益增多的世俗事务，天福宫在宫内设立福建会馆。在这一时期，天福宫与福建会馆是合二为一的，会馆领袖直接由天福宫董事、理事兼任。福建会馆的产生并没有改变福建社群以天福宫为中心的领导格局，直到20世纪初，福建社群领导人在社会上的公开身份仍然是天福宫董事、协理，社群决议也是以天福宫的名义发布，天福宫继续担负着福建社群最高领导机构的社会职能。20世纪初，由于南来的移民大量增加，除了宫庙和董事会，更多的姓氏宗亲会、同乡会纷纷成立，这些社会组织的领袖，很多都是由受过西方教育的年轻一代来担任，他们开始推动社会团体的选举和民主化，华人社会组织才逐步进入现代形态。

1849年，新加坡永春籍华侨陈金声筹资在天福宫西侧兴建启蒙学馆崇文阁，后改为崇福女校，开新加坡华文教育之先声。天福宫创造了神庙兴办学校、支持学校、监督教学的办学模式，并从神庙羽翼下的华侨学堂，逐渐步转变成现代的华文学校。

老福建会馆和崇文阁

新加坡福建会馆

第四节　天福宫侨领陈笃生与陈金钟

在天福宫创建和发展过程中，有两个人发挥了巨人的作用，他们便是陈笃生与陈金钟父子。

陈笃生（1798—1850），祖籍漳州海澄县（今龙海市海澄镇）。其家族早年来到马六甲，以种植业为生。陈笃生生于马六甲，20岁迁居新开埠的新加坡，初以贩卖农副产品为业，后在十八溪墘开陈笃生商行，输出土特产物，输入建筑材料。历20多年的奋斗，陈笃生成为巨富和商

陈笃生画像

界领袖。1839 年，天
福宫由陈笃生等福建
籍华侨华人带头集资
兴建，陈笃生个人捐
助最多，达 3074 元叻
币，被推为大董事。
1840 年，天福宫举行
了一次迎神赛会，恭
迎从福建请来的天妃

陈笃生医院

神像，场面庄重盛大，轰动整个新加坡华人社会。1844 年，他捐
资在珍珠山兴建平民医院，被推为董事会主席，该医院后改为陈
笃生医院。1846 年新加坡当局封其为太平局绅，为第一个获此荣
衔的华人。1850 年陈笃生去世，葬于新加坡欧南山北麓。

　　陈金钟（1829—1892），陈笃生之子，生于新加坡，青年时
曾接受华文教育和英文教育，后继承父业，逐渐扩大经营范围。
他成立金钟公司振成号专营米业，在新加坡、西贡、曼谷等地开
设了碾米厂，成为新加坡最大的米商；他接办其父创建的平民医
院，将这所医院改名为"陈笃生医院"，又捐款 3000 元叻币，对

医院进行重修；他
创建了丹戎巴葛船
坞有限公司，经营
船只的制造、修理
和停泊业务。这个
公司后来发展成为
新加坡港务局，陈
金钟从而被誉为是
"新加坡海港的奠
基人"。陈金钟在

新加坡金钟路

新加坡华人中有很高的威望，被推举为英国皇家亚洲学会海峡分会的会员（该学会的第一个亚洲人），先后被聘或封为商业矿业公会代表、陪审员、市政委员、太平局绅。

陈金钟筑建的保赤宫

陈金钟自其父逝世后，接替父亲成为天福宫领袖。1851年，他捐资17191元叻币重修天福宫。1860年，福建华侨在天福宫成立福建会馆，陈金钟担任福建会馆首任主席，直至去世。他领导下的天福宫和福建会馆，在处理新加坡早期华侨社会事务、收容新来的闽籍华侨、保护华侨利益、增进社会福利、联络华侨的情谊、开展互助互济活动方面，都发挥了非常重要的作用。当时新加坡福建籍华侨结婚都要到福建会馆登记，陈金钟亲自为他们办理结婚手续，结婚证要盖上他的印章方才有效，可见当时陈金钟和福建会馆的地位。

第七章　华人社会的三大支柱

明清时，有大批华人下南洋，华侨们就聚居在一起，他们有比较固定的事业，基本上保持了中华民族的文化传统和生活方式，并通过乡团组织进行联系，形成了相对独立的华侨社会。19世纪末 20 世纪初，西方文明全面传播到南洋殖民地，深刻地影响了南洋的华侨华人，激起他们学习西方现代文明的积极性。华侨华人将社团从宫庙延伸到更广泛的宗亲会、同乡会馆、同业公会，同时仿照西方举办现代的华文学校和现代的新闻媒体。华人社团、华文学校、华文报刊，成为南洋华人社会的三大支柱，是华侨华人传承中华传统文化的三种主要途径。

第一节　华人社团

早年漂泊南洋的客家华侨，寄人篱下，生活艰难，为了团结互助，联络感情，共谋生存与发展，或以血缘宗亲，或以地缘同乡，或以业缘同行等为纽带，自发建立起自治的乡团组织。这种组织起源于明清时期的秘密会所、会馆，早期以神寺宫祠的形式出现，如雅加达的金德院、马六甲的青云亭。鸦片战争前后，随着华侨群体的扩大，血缘性宗亲会、地缘同乡会馆、业缘性同行公会等各类社团纷纷成立。社团使华人中的贫困者得到资助，生病者得到治疗和照顾，死后也能归葬"义山"（华侨公墓），还协助南来的"新客"，为他们提供住宿、介绍工作，因此，华侨都积极参与社团的活动。二战后，由于华侨大部分加入了当地国籍，早期华侨社团向现代的华人社团转变，功能发生了很大变化，社团合作扩大，出现了许多社团联合会，也出现了一些为华人发声的政治性组织和文化团体。

一、 马来西亚

马来西亚的华侨乡团历史最悠久，马来西亚也是后期华人社团建立最多的国家。早期，华侨乡团是以神寺宫庙为依托的华侨管理机构：马六甲以青云亭（建于 1673 年）为代表，槟榔屿以广福宫（建于 1800 年）为代表，后来以平章会馆（建于 19 世纪末，槟州华人大会堂前身）为代表。现在马来西亚约有 9000 个华人社团。1801年，马六甲成立了福建会馆，1931 年成立同安

马六甲福建会馆

金厦会馆；在槟城，则有马来亚槟榔屿"林氏敦本堂"、"林氏勉述堂"（建于 1863 年）、"霞阳植德堂杨公司"等祠堂。1903 年马来亚槟州中华总商会成立，1923 年马来西亚槟城同安金厦会创立。在其他地方，闽南社团也大量涌现，如马来西亚霹雳福建公会（成立于 1897 年）、马来西亚诗巫漳泉公会（成立于 1946 年）、马来西亚柔佛州金同厦会馆（成立于 1967 年）、马来西亚巴生雪隆同安会馆（成立于 1980 年）等。

马六甲永春会馆

二、　新加坡

新加坡华侨社团出现得比较早，也最负盛名。"新加坡福建会馆"的前身是始建于 1839 年的天福宫，1915 年在宫庙的基础上成立了"天福宫福建会馆"，是闽南历史悠久华侨社团；"新加坡怡和轩"成立于 1895 年，是东南亚最负盛名的华侨社团，依托于此的"南侨总会"（全称"南洋华侨筹赈祖国难民总会"）广泛发动东南亚各国华侨支援祖

新加坡中华总商会

国的抗日战争。在新加坡，闽南宗亲会性质的闽南社团有很多，如厦门宗亲就有"新加坡平阳江氏公会"（1908 年）、"新加坡禾山公会"（1921 年）、"新加坡同安会馆"（1929 年）、"新加坡厦门公会"（1938 年），"新加坡同安鳌东同乡会"（1945 年）、"新

加坡板桥儒林张氏公会"（1947 年）、"新加坡同安珩山王氏公会"（1993 年）等等。而行业联合性质有"新加坡驳船业公会"（1895年）、新加坡吾庐俱乐部（1905 年）、新加坡中华总商会（1906年）、"新加坡华侨树胶公会"（1919 年）等。

新加坡会馆和会所林立的一条街

三、 菲律宾

在菲律宾，西班牙殖民者推行天主教，不允许当地华侨兴建源自家乡的祠堂。最先出现的华人乡团是兼具天主教会和行政功能的"岷仑洛华人公会"（1687 年）。1741 年，"岷仑洛混血儿公会"被单独分出来，1800 年另组专门管理华侨的华人区公会。菲律宾华商重要社团"菲律宾岷里拉（马尼拉）中华总商会"于1904 年成立，最初名为"小吕宋中华商务局"，后更名"菲律宾中华总商会""岷里拉中华商会"，1968 年该会加入菲华商联总会。到 20 世纪二三十年代，菲律宾华侨乡团组织大量涌现，如厦门同乡成立的"旅菲厦门公会"（1921 年）、"菲律宾禾山公会"（20 世纪 20 年代）、"菲律宾龙同海联乡总会"（1960 年）、"菲律宾南岛厦禾公会"（1978 年）。1958 年还成立了"菲律宾各宗亲会联合会"。

四、　印度尼西亚

在印度尼西亚，早期到此地打拼的闽南人就建立了许多带有组织性质的庙宇，如金德院（观音庙，1650 年）、安率大伯公庙（1654 年）、妈祖庙（1784 年）等，并在荷兰殖民者时期形成了华人公馆。先后成立的社团有印尼棉兰福建会馆（1881 年）、中华总会（1906 年）、"印尼雅加达福建同乡会"（1912 年）、"印尼中华商会"（1923 年）、印尼泗水泉属会馆（1945 年）等。但印尼华侨和华人社团长期受到统治者的排挤，社团人数不超过总人口的 5％，社团的发展也受到压制。

五、　越南、缅甸、泰国

17 至 19 世纪，越南、缅甸、泰国的在地华人建立了许多乡团组织，如"越南会安金山寺"（福建会馆，1697 年）、"越南河内福建会馆"（1815 年）、"缅甸仰光植德堂"（1854 年）、"缅甸仰光庆福宫"（海澄霞阳社，1861 年）、"缅甸仰光建德总社"（1868 年）、"旅缅同安灌口安仁里华侨公会"（1878 年）。20 世纪成立的社团有"越南南圻中华总商会"（1904 年）、"缅甸

越南会安福建会馆

中华商务总会"（1909 年）、缅甸华侨兴商总会（1911 年）、"泰国福建会馆"（1911 年）、"缅甸同安会馆"（1927 年）、"缅甸厦门联合会"（1940 年，原鹭江公会）、"旅缅同安安人里同乡会"（1940 年）、"曼德勒缅甸教济会"（1952 年）等。

第二节　华文学校

南洋华侨多数是无地、少地的农民和破产的小手工业者、小商小贩等，文化水平很低，他们到国外去，深受"青暝牛"（文盲）没有文化之苦，因此有条件的就请专人执教，后发展成私塾或义塾。随着华侨人数迅速增长，以及财富的积累，华人华侨认识到没有先进的科技文化就会落后挨打，纷纷捐资办起了华文学校，逐步形成了兴学重教的风气。

一、栉风沐雨的印尼华文学校

印尼华侨很早就开始设立华侨学校，但华文教育举步维艰，充满血泪。康熙二十九年（1690），巴达维亚华侨甲必丹郭郡观（祖籍南安）创办了一所义学——"明诚书院"，请唐人先生教无人管教或贫苦的华侨子弟读书。1775年，另一位华侨甲必丹高根又设立了"南江书院"。1787年，金德院设立明德书院。但华校的发展使荷兰殖民者感到不安，他们害怕中华文化落地生根，因此也设立许多欧式学校，专收华侨子弟，而当时的中华会馆学校一般都停留在旧式私塾的水平，受殖民者的各种限制，且不时会遭到取缔，所以很多华侨把自己的子弟送到欧式学校。20世纪前后，由于印尼新殖民社会的转变和华人的大批移居，印尼的华文学校开始得到发展。1901年，巴达维亚中华学校诞生，随后印尼各地华人纷纷创办中华学校。二战后，独立的印尼统治者和中国关系友好，华校迅速增加。但20世纪60年代以后，由于印尼亲美当局上台，两国断交，华校又被全部关闭。

印尼著名的雅加达八华学校建于1901年，原是八帝贯路的中华会馆学校，是印尼第一所开设中文、英文、印尼文的三语平民化学校。1966年遭当局取缔，2008年才得以复校。复校的推手为梁世桢，是八华学校创校人之一梁映堂的曾孙。梁氏家族在

明诚书院

印度尼西亚逾一个世纪创业兴学，声名远扬。

二、 砥砺前行的马来西亚华文教育

马来西亚华文教育在东南亚首屈一指。华人占马来西亚总人口的四分之一，他们顶住了各方面的压力，坚持中国式学校教育，是东南亚唯一拥有小学、中学、大专完整华文教育体系的国家。

槟城五福书院

1819 年，华侨在槟城建立第一家华教私塾"五福书院"。当时多以开设私塾或以宗祠的形式实行华文教育，多半以《三字经》《千字文》或《四书五经》等作为教材。办学初期英殖民政府采取放任态度，但见华人势力日渐强大，逐颁布《1920 年学校注册法令》对其进行阻挠和打压。

二战时期，日本侵占马来半岛，民间教育陷入停顿的状态，直至战后方见复苏。1951 年，英殖民政府抛出《巴恩报告书》，建议以英、巫文学校取代华、印文学校。1954 年，殖民议会通过《1954年教育白皮书》，规定所有华文小学都必须开设英文班。1955 年 1 月，林连玉率领"董教总"（马华文学校董事联合会总会和马华文学校教师会总会的简称）代表团，在马六甲陈祯禄爵士私邸（马华公会发起

林连玉

人及第一任总会长）与联盟主席东姑阿都拉曼会谈，为华教进行了不懈的抗争。

林连玉，1901 年出生于福建永春。1919 年以第六名的成绩被陈嘉庚创办的集美学校师范部录取。1927 年，因时局动荡，他前往马来西亚，先后在安顺、夏人华、任㳲等地任教。1934 年，到吉隆坡尊孔中学任教。1949年，为争取华人的教育权利，面对渐进式消灭华文教育的行为，林连玉组建了吉隆坡华校教师公会，带头发表宣言："我们华人进入马来亚，成为马来亚的国民，是以尽义务、效忠诚为条件，不是以弃母语、毁

林连玉葬礼民众自发送别场景

文化为条件。"

1957 年，马来西亚独立后也曾提出"一个国家、一个民族、一种文化、一种语文"的口号。《拉曼达立报告书》（1960 年）规定非马来文的中学、小学（华校或印校）改制，否则取消津贴。林连玉挺身而出，他说："华文中学是华人文化的堡垒，津贴金可以剥夺，独立中学不能不办！"林连玉的据理力争引起了马来西亚政府的强烈不满，吊销了他的教师证，三年后公民权也被取消了。

由于马来西亚华人各政党和一批经济实力雄厚华人的坚持，政府对华文教育态度有所缓和，华文学校得以保留和发展。马来西亚现有华文小学 1290 所，华文独中 60 所，全国就读华文人数超过 20 万人，就读华文小学的非华裔学生近 7 万人。华文大专院校有 3 所（南方学院、韩江学院、新纪元学院），马来亚大学、博特拉大学、国民大学等国立大学也设有中文系，厦门大学也在马来西亚建立了分校。

三、 兴衰更迭的新加坡华文教育

新加坡是东南亚华人占总人口比例最高的国家，也是华文教育最为发达的地区。

1. 陈金声与崇文阁

在新加坡，1823 年已有华侨私塾蒙馆，1829 年已有三所华侨办的私塾。有碑文可考的第一所学塾是陈金声于 1849 年创办的"崇文阁"（后改为崇福女子学校）。1854 年，陈金生又于厦门街创办了另一所义学——"萃英书院"，这所义塾足足办了 100 年，直到 1954 年并入福建会馆的四校。

陈金声，号巨川，祖籍永春，清嘉庆十年（1805）出生于马来亚的马六甲。祖父于乾隆年间到马六甲垦荒种植，成家立业。父亲除经营农垦外，还开设来兴号店铺兼营商业。嘉庆二十四年（1819），陈金声从马六甲到新加坡开办金声公司，后来购置丰兴号轮船，开展海外贸易。数年后，又在马六甲和上海开设分公司，从此富甲星洲，成为新加坡华侨福建帮的领袖、峇峇华人中的翘楚。他热心公益事业，拨款协助建立新加坡第一个自来水工程。

陈金声画像

陈金声筹资兴建启蒙学馆"崇文阁"和"萃英书院"，开启新加坡华文教育的先声。随后，1875 年，章芳林（祖籍海澄县）在直落亚逸街创办"章苑生学校"；1893 年，颜永成（祖籍海沧青礁）在同街创办"英华义学"（后改称颜永成义学）；1899 年，林文庆、宋旺相等人创办了"新加坡华人女子学校"。

2. 华文中小学

20 世纪初，新加坡近代的华文小学开始发展起来。成立最早的为 1905 年创办的"崇正学堂"（后改称崇正学校）和"广肇学堂"（后改称养正学校）。1912 年后，华文小

崇福学校现貌

学蓬勃发展，自 1912 年至 1941 年底，成立的华文小学有 300 多所，培养学生 37000 余人，拥有教师 1000 多人。新加坡华人最早创办的中学是 1918 年创立的"南洋华侨中学"，此后华文中学陆续成立，到 1974 年新加坡有华文中学 26 所，规模最大的是"中正""华中""华义"三所。

3. 陈六使与南洋大学

陈六使（1897—1972），著名企业家、慈善家、华侨领袖，出生于福建同安县集美乡，1913 年，进入集美小学念书，1916 年到陈嘉庚属下工厂工作。1923 年，与兄弟合资创设联和橡胶公司，又自创益和公司，在十多年内，成为新马树胶界巨子。1950 年出任中华总商会会长及福建会馆主席。1953 年捐献叻币 500 万元和在裕廊路云南园的 523 英亩地（约 2.11 平方千米），创办了海外第一所华文大学——南洋大学，并聘请林语堂（1895—1976，漳州平和人，著名作家、学者）为第一任校长。

南洋大学 1953 年动土，两年后完工，1956 年正式开学，招收新生 584 名，有文学院和理学院两院。但当局对南洋大学的文凭却迟迟不予以承认，并封闭华人小学、中学，釜底抽薪，使南洋大学失去生源。1980 年，南洋大学被逼并入新加坡大学，成为南洋理工学院，现独立为南洋理工大学。

陈六使 南洋大学升旗典礼

四、 因时而进的菲律宾华文学校

菲律宾在西班牙统治时期，华侨根本无法建立华文学校。

1898 年美国在菲律宾取得统治权后，放手让私立学校和教会学校发展。1899 年，中国驻马尼拉第一任总领事陈柴衍在原甲必丹衙门内创设了最早的学塾，四年后改名为"小吕宋华侨中西学校"。1912 年，叶开升及怡朗中华总商会在怡朗市创办第二所华侨学校——"怡朗中华实业学校"（现怡朗华商中学），而李思辕、冯百砺在马尼拉创办了"马尼剌华侨爱国学校"（现马尼拉爱国中学）。

1920 年至 1930 年是菲律宾华文学校创设的高峰期，一共创建了 52 所华文学校。菲律宾侨中学院和中正学院就是在此阶段创办的，目前这两所学校已经发展成为菲律宾办学实力最强、办学体系最完整的两所华文学校。

1940 年至 1950 年，菲律宾的华文教育仍保持快速的发展势头，一共有 46 所华文学校诞生。日本占领菲律宾后，华文教育进入冰冻时期。1955 年，马尼拉中正学校创办了全菲华侨学校中唯一的大专院校——华侨师专，不久后，华侨师专与中正学校合并为中正学院。

菲律宾怡朗华商中学

1960 年至 1970 年，菲律宾新华文学校的创办节奏放缓，十年间创办了 18 所新的华文学校。1973 年，菲律宾限定所有外侨学校最迟须于 1976 年完成菲律宾教育体制一体化，华文教育发展受到了限制。20 世纪 80 年代以后，共新办华文学校 35 所。

五、　泰国与缅甸华文学校的状况

在泰国，自 1909 年同盟会在曼谷创办"华益学堂"与保皇党创办"中华学堂"开始，到 1921 年第一次世界大战结束的这段时间，华侨创办学校 30 所，培养学生 3000 名左右。一战后暹罗政府对华侨的控制有所放松，新建华侨学校数量较多，1926—1933 年间，在曼谷新增的华校有 57 所，全国华校已有 600 多所，达到了最高峰。但好景不长，因暹罗政府实行亲日政策，1939 年查封了华校 285 所。到 1940 年，泰国全境几乎无一所华校。日本投降后，泰国华校纷纷复办和增办，至 1946 年底总数超过 500 所。1948 年泰国发生了镇压华侨爱国民主运动的事件（俗称"六一五事件"），后加紧取缔华校。1987 年全泰华校仅存 125 所。1989 年后，随着华文成为通用的商业语文，泰国政府开始放松华文教育政策。

在缅甸，华侨创办学校一直都未受到限制，但华侨教育在缅甸并不发达，现代学校从改组中华义学开始，到 1921 年创办了近 50 所，都是小学。二战结束后，缅甸共有华校 250 所，仅仰光一地就有 30 所。

第三节　南洋侨报的发展

南洋侨报是东南亚地区的华侨、华裔公民和非华裔公民创办的中文报纸，它对华侨社会的团结、进步，提高华侨的文化素养，激发华侨的爱国之情和国际主义思想，都起了很大的作用。

南洋侨报是 19 世纪 80 年代后出现的，在此之前，东南亚出版过几份由外国传教士办的报刊，其中，1807 年由英国传教士在马六甲出版的《察世俗每月统记传》，是世界上第一个以华人为对象的中文近代报刊，内容主要是宗教、新闻和新知识。类似的报刊还有《特选撮要每月纪传》（1923 年在巴达维亚创刊）。

《叻报》　　　　　　　　　　　《南洋商报》

《星洲日报》　　　　　　　　《南洋·星洲联合早报》

　　东南亚第一份由华侨创办的中文报刊是 1880 年在新加坡创刊的《叻报》。创办人是第五代华侨薛有礼，主笔聘请了香港多才多艺、诗文俱佳的叶季允，他在《叻报》任职达 41 年之久。《叻报》出版了 51 年，直到 1931 年受世界经济危机的影响才停刊，是当时东南亚最有影响的中文报刊。19 世纪末，在东南亚陆续出版了《星报》、《天南日报》、《日新报》（新加坡）、《华洋新报》、《屿报》（槟榔屿）、《华报》（菲律宾）等七家报纸。由于人力、财力等原因，这些报纸大多昙花一现，只能维持短暂的几年甚至几个月。

辛亥革命前后和两次世界大战之间，出现了两次华侨报纸发展高潮。1904 年由陈楚楠、张永福集资创办的《图南日报》是一份公开宣传革命的报纸。它顶着清王朝和各种保守势力的猛烈攻击，办得很有特色。创刊时的每日仅发行 30 多份，后逐渐销到 2000 多份，影响日益扩大。但由于财政上的困难，只坚持了两年时间就停刊。新加坡在 1905 年出版的《南洋总汇报》和 1907 年出版的《中兴日报》，前者守旧保皇，后者宣传革命。1910 年槟榔屿出版了《光华日报》，它后来逐渐取代了《中兴日报》，成为新马地区革命派最主要的宣传阵地。这一时期在印尼办有《泗槟日报》《华铎报》，菲律宾有《警铎新报》，缅甸有《光华日报》，泰国有《汉京日报》。

在新加坡，除原有的《叻报》外，这一时期创办了七份报刊，其中影响最大的是《南洋商报》和《星洲日报》。《南洋商报》1923 年由陈嘉庚创办，聘请国内文化水平较高的知识分子编报，内容丰富多彩，是当时东南亚最有影响的报纸之一。《星洲日报》于 1929 年由胡文虎创办，是继《南洋商报》之后的另一家影响较大的报纸。两报于 1983 年合并成为《南洋·星洲联合早报》和《南洋·星洲联合晚报》。在印尼，最有影响的是《天声日报》和《新报》。此外，菲律宾的《公理报》《华侨商报》《新闻日报》和泰国的《国民日报》《华侨日报》《华暹日报》，以及缅甸的《觉民日报》等，也产生了较大的影响。

第二次世界大战期间，大部分华侨报纸停刊，战后又有一次发展高潮。除原有报纸纷纷复刊外，还出现了新加坡《南侨日报》、仰光《人民报》、曼谷《全民报》等一批新的华侨报纸。到 20 世纪 50 年代，东南亚地区华侨报纸有近 90 种。20 世纪六七十年代，由于国际关系的变化，一些东南亚国家的华文报刊绝迹。到 20 世纪 80 年代，东南亚地区华文报有所恢复，共有华文报纸 37 种，马来西亚最多，共有 19 种；此外，泰国有 6 种，菲律宾有 5 种。

第八章　南侨总会与南侨机工团

　　由于旧中国政府的衰弱和腐败，华侨在侨居地往往遭受各种歧视、迫害，甚至屠杀。面对殖民统治者、种族主义和民族沙文主义者的暴行，华侨深切地领悟到，祖国的兴衰与他们社会地位和高低有着极为密切的关系。因此，广大华侨无不殷切希望有个强大的祖国作为他们的靠山。闽南华侨一向满怀赤子之心，始终与祖国人民同命运、共荣辱，从闽南小刀会起义，到辛亥革命、北伐战争、抗日战争直到解放战争，有许许多多华侨毁家纾难、输财出力支持中国革命。有些华侨还亲赴一线，与祖国人民并肩战斗，用血肉书写英雄篇章。其中最具代表性的，就是南侨机工团的抗战行动，它被称为中国华侨史上一次最集中、最有组织、影响最为深远的爱国主义行动。

新加坡的南侨机工纪念雕塑

第一节　背负抗日特殊使命的义勇队

再会吧，南洋！你海波绿，海云长，你我第二故乡。我们民族血汗，洒遍了这几百个荒凉岛上；

再会吧，南洋！你椰子肥，豆蔻香，你受着自然丰富供养，但帝国主义剥削下，千百万被压迫者闹着饥荒；

再会吧，南洋！你不见尸横着长白山，血流着黑龙江，这中华民族存亡；

再会吧，南洋！再会吧，南洋！我们要去争取一线光明希望。

这一曲由田汉作词、聂耳作曲的悲壮《告别南洋》，道出了多少南洋华侨的心声！本来，一群血气方刚的青年人，揣着梦想来到南洋，在这片陌生的土地上做着淘金梦。然而，一场突如其来的战争把他们的人生彻底改变了……

日军拉开全面侵华战争的序幕，上海、南京、广州等沿海经济重镇危在旦夕，沿海大量商户工厂和银行纷纷从沿海迁往内陆地区。当时大批工厂迁到了云南，昆明就成为了抗战的大后方，在此重建的工厂有几十家之多，主要从事钢铁和军工产业。当时中国的军工生产能力比较弱，可以制造一些轻型武器，但是飞机和坦克、卡车等重型装备，则依靠外界援助或者对外购买，一些生产原料和日常生活品也需从外地运入。但沿海重要港口基本沦陷，西北公路和滇越铁路也先后断绝，于是国民政府于 1938 年 8 月修通了一条从昆明至缅甸的滇缅公路，道路和缅甸的中央铁路连接，直通缅甸的仰光港。滇缅公路为抢运国际援助和国外购买的物资，运输军需品及紧缺物资，发挥了重要作用，是当时国内和外界联系的重要公路。

为保证这条生命通道的畅通，国民政府成立了"西南运输

抢修滇缅公路

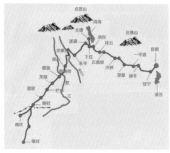

滇缅公路草图

处"负责相关运输事务,他们负责将国外援助和购买的汽车、卡车等组装完成,并且载上物资,驶回西南大后方。从1939年至1942年,滇缅公路一共抢运回国13000多辆汽车。虽然有了汽车,但熟练的司机和技工十分紧缺,这时旅居南洋的华侨向祖国伸出了救援之手,东南亚各国华人子弟在南洋著名侨领陈嘉庚领导的"南侨总会"的号召下,组成了"南洋华侨机工回国服务团",义无反顾地走向祖国抗日战场,成为一支有特殊身份的抗日队伍。

第二节 响应南侨总会的号召

日本发动全面侵华战争后,南洋各地的侨领纷纷请求陈嘉庚设立统一机构以领导南洋华侨抗日募捐及救援工作,国民政府也希望他出面主持这一工作。1938年10月,马来亚、缅甸、婆罗州、爪哇、苏门答腊、西加里曼丹、西里伯、菲律宾、安南、暹罗及香港等45个筹赈会的168名代表在新加坡聚首,成立"南洋华侨筹赈祖国难民总会"(简称"南侨总会"),选举陈嘉庚为主席,庄西言、李清泉为副主席,总办事处设在怡和轩俱乐部,另设68个分支机构。南侨总会是东南亚华侨史上第一个不分地域、血缘、行业的抗日救国统一组织。南侨总会成立后向广大侨胞发表了《大会宣言》，树立抗战胜利绝对可期的信心，要求侨胞各尽所能，各竭所有，自策自鞭，自勉自励，踊跃慷慨，贡献于国家。在南侨总会的领导下，东南亚各国华侨筹款募捐活动十分踊跃、持久。

陈嘉庚在南侨总会筹赈会上发言

南洋華僑籌賑祖國難民總會第六號通告（徵募汽車修機駛機人員回國服務）

（一）通告事，本總會頃接祖國僑委徵募汽車之修理人員及司機人員回國服務，（一）修機者技藝十人（一）凡具此技術之一，志願回國以盡其國民天職者，可向各埠僑領合或分支各會接洽。

（二）茲將徵集技術，有關地政府准照，請文字，繕寫詳細，無不良妨礙，（一尤其不吸酒者）一年齡在四十以下二十以上者，須知工作時，需其技術，併其技術經驗，在工作時，需其技術經驗定。

（三）薪金每月國幣三十元，均由下列之日算起，如機駛及修機發兵者可以的加，須給。

（四）國內服務之地，均為西南各省，僱州等地段，撤安頓由各地墊賑付發給。

（五）應徵者，須有該地安人或商店介紹，知其履歷有愛國志願者方合。

（六）本總會經審選各地應徵者方合，須即列程度若干名，至選某者前往安南等路程，如繳給本總會各費手續，直接出發回鄉，否則可由本總會依法辦理。

（七）國祖國復興與大業，迫切注意辦理處須。

此佈。

中華民國廿八年二月七日

《南侨总会第六号公告》

当陈嘉庚先生得知祖国需要向海外招募大量司机、机工之后，发出了《南侨总会第六号公告》，号召华侨中的年轻司机和技工回国参加抗战，与祖国一同战斗。通告马上得到了响应，众多爱国华侨踊跃报名。南侨总会于 1939 年 4 月 6 日特公布《机工回国服务信约》十条，要求应招的南侨机工树立"国家至上、民族至上"的最高信念，"为争取公民族的自由，必先牺牲个人的自由"。还强调"忠实担负，严守秩序"，"勿傲慢，勿浮动"，"尽忠国家同时不可忘记孝悌与忠信，到国门后，必须按期寄信并经常安慰家属之念"等。

据记载，南侨机工由马来西亚经越南回国的，共有 9 批 2654 人，由马来西亚经缅甸仰光回国的，有先后 6 批 538 人，两路回国共 15 批 3192 人。另外还有人在其他各地服务，总共是 3913 人。他们当中，既有普通司机、修理工，也有富家子弟、工程师、大学生等等。他们有的放弃了待遇优厚的工作回国；有的年龄不符，虚报岁数才得以成行；有的忍痛告别未婚妻而奔赴抗日疆场；有的已经结婚却毅然别妻离子报效祖国；有的因家长不同意，改名换姓隐瞒着家人参加机工队伍，其中还有 5 位华侨女青年。马来西亚槟城女教师白雪娇化名施夏圭，写下辞别家书"家是我所恋的，双亲弟妹是我所爱的，但是破碎的祖国，更是我所怀念热爱的"，瞒过父母和家庭踏上征途。闽南华侨中有 800 多人加入了机工行列，如厦门的洪华民、林福来、林记茂、王志诚、陈美学、许成瑞、陈聪明、李荣竹、李亚三、李文唇等人先后加入了南侨机工回国服务团，为祖国的抗战做出了贡献。

南侨机工回国前的合影

送别南侨机工的场景

第三节　奔驰在死亡公路上

　　滇缅公路是中国抗战的生命线，也是一条危机四伏的"死亡公路"。这些来自南洋的华侨青年，大多在西方殖民文化的熏陶下成长，当他们毅然加入抗战队伍后，才发现一切与自己想象的大不相同，这些热血青年要成为卫国战士，必须接受血与火的洗礼，面临许多难关。

南侨机工戎装照

　　"险路关"——滇缅公路蜿蜒在横断山脉纵谷区，全长1146公里，海拔高500米至3000多米，跨越怒江、澜沧江，沿途悬崖、峭壁、陡坡、急弯、险谷、深流，令人惊心动魄。满载军火物资的卡车行驶在如此险峻的路上，稍有不慎，就会坠入山崖。当时滇缅公路是抗战爆发后紧急抢修的，路基未固，路面狭窄，坑洼坎坷，一到雨季，泥泞湿滑，行车犹如老牛拖犁，裹足难前，塌方险情，更是屡见不鲜。

　　"瘴虐关"——滇西至缅北一带，是世界上有名的"烟瘴之地"，瘴气肆虐，毒蚊猖獗，恶虐流行，对机工们的生命构成了很大威胁，机工的牺牲率很高。

　　"空袭关"——由于日军侵略的加剧，东南亚和中国国土陆续沦陷。敌机在滇缅公路的咽喉要道进行轰炸，也对来往的车辆进行轰炸。空袭愈演愈烈，但华侨机工们并未因此而气馁，他们

行进在滇缅公路上的运输车队

南侨机工与车队

在滇缅边境上

日夜驰骋

踊跃地参加华侨义勇抢运大队，在敌机机翼下拼命地为祖国抢运抗战物资，前仆后继。道路、桥梁在空袭中被破坏，抢修队便马上开始修复工作。澜沧江上的昌淦桥和怒江上惠通桥是敌军攻击的重中之重。1941 年 1 月，昌淦桥被彻底炸断，南侨机工们就采用空汽油桶和木板做成渡船，将汽车开上渡船拉过河。其他运输队伍也继续投入紧张的运输工作。

1940 年，日本在研究中国军力变化的数据时发现，经过几年的战争，在被全面封锁的情况下，中国装备反而从弱变强，其中步枪增加到 150 万支，轻机枪 6 万多挺，其他火炮 2650 门，这显然与滇缅路上日夜奔驰的南侨机工密不可分。

为了提高滇缅公路的通行能力，国民政府花费巨资购买先进设备，准备铺设柏油路面。1942 年 3 月，日军对缅甸发动了突然进攻，并且打败了前来援助的中、美、英联军，随后向北推进，进逼滇缅公路。为了保证抗战生命线，中国派出远征军出征缅甸，但由于组织不力，远征军在日军攻势下迅速溃败，留下大批的军火物资亟待运送回国。大敌当前，南侨机工冒死抢运对中国抗战无比珍贵的每一箱军火。5 月，日军攻入云南境内，占领了怒江以西的地区，滇缅公路上的"咽喉"惠通桥在紧急关头实施爆破，阻止了日军的攻势，从此，滇缅公路的运输彻底断绝，运送军火的南侨机工也全部失业。

据统计，南侨回国服务团分为 17 个大队，共计汽车 3000 多辆。1939 年至 1942 年，南侨机工共运载了 10 万人次的远征军，抢运了 50 万吨军需物资，还有许多无法统计的其他物资及用品。

第四节 一曲豪壮的赤子骊歌

当年，南侨机工们出发时穿西装，仪表比较讲究，回到中国也整理得很有精神，头发总是梳得一丝不苟，让人印象深刻，在公路上很多人都能一眼就认出南侨机工。那时国民政府给南侨机工的工资比较高，再加上偶尔家中还会有些钱寄过来，所以，当地许多姑娘都觉得这些小伙子们仪表堂堂，有文化水平，有不错的收入，愿意与他们共结连理，有近三分之一的南侨机工们与当地的女子结婚。而到1942年的下半年，南侨机工们则过得十分清苦，饥饿、疾病、轰炸威胁着他们，在大后方举目无亲，再加上东南亚地区也基本被日军占领，无法回去，使得南侨机工们流离失所。

当时流亡印尼的陈嘉庚仍然忘不了这群由他号召起来的年轻人，于是展开了一场挽救南侨技工的行动，他的挚友侯西反（1883—1944，南安人）到处奔波，筹措到50万元的救济款，并组织

侯西反与陈嘉庚

华侨互助会，派人到昆明收容难侨，失业的机工和眷属753人的生活问题从而得到解决。华侨互助会还积极协助机工们找工作，好在当时汽车司机们找工作并不算是一件难事，南侨机工们大多都找到了一份赖以谋生的工作。

1944年，中国远征军强渡怒江，向占据滇缅的日军发起反攻，许多技工参与了抢运弹药、修理机炮，他们中的一些人为抗战胜利献出了生命。1945年春天，滇缅公路再次打通，一些机工继续行驶在这条生死路上，直到抗战的胜利。而一直关心南侨机

工的侯西反，在前来参加机工子弟学校开工典礼时，因飞机失事而牺牲。

南侨机工赤子之心可歌可泣，令人肃然起敬。三千多人中，有一千多人因战火、车祸和疾病为国捐躯，另有一千多人在战后回到居住国，而剩下来的一千多人则一直在当地留了下来……陈嘉庚先生生前一直对那一千多名南侨机工的牺牲感到痛心，他嘱咐后人，每隔几年要去云南昆明代他祭奠那些长眠于滇缅边境的华侨青年。

华侨机工回国服务团
荣誉纪念章

南侨机工复员纪念章

"千里路，热血铸。滇缅路，功勋著。中华抗战运输线，一路洒下，南侨机工，鲜

在中国，1946 年　　　　南侨回国服务机工在云南昆明的九门里竖起了"　　　　工殉职纪念碑"（后毁于"文化大革命"）。　　　　山立起了"南侨机工抗日纪念碑"，碑高 9 米，　　　　子功勋"四个大字。1990 年，德宏州人民政府在云南芒市　　　真西抗日战争纪念碑"。1995 年保山市政协在云南保山建造了"滇西抗日战争纪念碑"。2005 年，昆明市五华区人民政府在云南昆明立"滇缅公路零公里纪念碑"；

云南畹町立"滇缅公路中国段终点纪念碑";德宏傣族景颇族自治州在畹町立"南洋华侨机工回国抗日纪念碑",纪念碑直指苍天,气势雄伟,俯瞰着滇缅公路。2013年,海南省人民政府在海口塑造了"南洋华侨机工回国服务团纪念雕塑"。

在南洋,1947年,雪兰莪华侨筹赈祖国难民委员会在马来西亚的雪兰莪竖立"华侨机工回国抗战殉难纪念碑"。1950年,槟榔屿华侨筹赈会在马来西亚的槟榔屿竖立"槟榔屿华侨抗战殉职机工、罹难同胞纪念碑"。2012年,新加坡中华总商会、怡和轩、新加坡宗乡会馆在新加坡立"南侨机工纪念壁"。2012年,古来华团探缅南侨机工史实筹委会在马来西亚的古来立"南侨二战抗日机工、罹难同胞纪念碑"。

2018年5月30日,"南侨机工档案"成功入选《世界记忆工程亚太地区名录》。档案提供了第二次世界大战和中日战争中鲜为人知的信息,不仅是来自南洋

畹町南洋华侨机工回国抗日纪念碑

华人社区的民间志愿者的战时支援记录,也是中国与东南亚国家移民社会之间独特纽带的证明。

昆明南侨机工抗日纪念碑

雪兰莪华侨机工回国抗战殉难纪念碑

槟榔屿华侨抗战殉职机工、罹难同胞纪念碑

古来南侨二战抗日机工、罹难同胞纪念碑

第九章　陈祯禄与马来西亚的独立

日久他乡即故乡。侨居海外的华侨不忘故土，为祖国的革命和建设事业做出了巨大贡献，同时，他们也与当地人民同建家园，共御外侮，为侨居国经济繁荣和民族独立进行了可歌可泣的斗争。就马来亚来说，侨民们开发荒地，传播农业经济作物的种植、加工技术，开发了马来亚大片的橡胶种植园，开发了雪兰莪、霹雳、森美兰、马六甲等矿区，为当地人所传颂。而在马来西亚争取独

陈祯禄

立的过程中，华人陈祯禄爵士更是做出了杰出的贡献，被誉为马来西亚"独立之父"。

第一节　融入南洋社会的峇峇

陈祯禄，1883 年 4 月诞生于马六甲的一个土生华人家庭。高曾祖陈观夏于清乾隆年间从漳州海澄来马六甲发展，事业有成，富甲一方。如今他家的古厝还是保留着华人家庭古老的布置，门楣上挂着"同发"牌匾，神主龛写着"孝思不匮"的字样。但他的父亲陈恭安未继承祖业，仅能从祖业收入中分得固定的生活费，家庭经济并不富裕。

陈祯禄早年就读于新加坡莱佛士学院，毕业后留在该学院执

教，曾当过六年校长。学院的良好的文化氛围，奠定了他的文化基础。在这段时期，陈祯禄开始接触到中华文化，并醉心于中华文化的研究。他满架的书虽然全是英文的，却大多是四书五经及《老子》《庄子》的翻译本。他将中国古哲圣贤的言论皆熟读于心。陈祯禄有句名言流传至今："华人若不爱护华人文化，英人不会承认他是英人，马来人不会承认他是马来人。畜生禽兽，是无所谓祖籍的。"

1908年，他改文从商，回到马六甲经营橡胶种植业。初时当一名胶园襄理，其后在岳父的支持下拓展业务，很快就风生水起，担任起友乃德种植有限公司及武吉日落洞橡胶园主席、武吉卡迪橡胶及旁鹅胶园的董事。除了在橡胶业引人注目之外，陈祯禄还成功地把华人的华侨银行、和丰银行、华商银行合并成华侨银行。他一身兼任20多家工商机构的董事职位，任过马六甲中华总商会、马来亚园丘业主公会及海峡英华协会等机构的领导人，为其日后涉足政治舞台奠定了雄厚的基础和资本。

由于在工商领域的成就杰出，陈祯禄成为华人社会的领袖。他也积极参与社会与社团的活动，1912年受封为太平局绅，1916年被委任为马六甲乡村局委员，1923年被委任为海峡殖民地立法委员，1933年又成为执行委员。他关心马来亚本土居民的利益，主张生活在马来亚本土的马来人、华人居民应拥有与欧人同样的权利，在英殖民统治者强硬推行"亲巫政策"时，他强

备受华人尊敬

烈抗议反对"优待一族，歧视他族"的政策，并指出歧视华人的政策将在巫人（马来人）与华人（也包括印度人）之间，造成明显的裂痕，历久之后更可能扩大为两者之间的互相猜疑、仇视，主张在人民之间培养与创设纯粹的马来亚精神和意识，以逐渐把种族性的观念消除。

日本人占领马来半岛期间，陈祯禄避难流寓印度。但是，他仍然心系马来亚本土华人和所有海外华人的未来前途，1943 年 9 月，他在印度孟买宣布成立海外华人协会，以团结华人，保护海外华人的利益。

马来亚光复后，他积极参加政治活动。1946 年 12 月出任泛马联合行动委员会主席；1947 年 10 月，领导华人总罢市，反对马来亚联合邦宪制，为华人争取公民权；1948 年，被选为"民族联络委员会"的委员，为了民族的团结和合作而努力；1949 年 2 月，马来西亚华人公会（简称：马华公会）正式成立，陈祯禄被选为总会长。此后，马华公会在马来西亚华人历史中发挥了重要作用，形成东南亚华人投入所在国政治的一个模式。

第二节　马华公会创立者

第二次世界大战结束后，华人面临前所未有的政治困境，一是民族主义的排外运动问题。按照当时的政治习惯，海外华人仍被视为中国子民，只是暂时居住的居民，他们的居留权随时可能被剥夺，当马来族有能力掀起民族自决政治运动，族群冲突随时可能发生；二是非殖民化的政治问题。英国政府有意将马来亚改为马来亚联邦，希望借以延长其殖民地统治时间。1946 年初，马来亚联邦宪法公布，引起大多数马来人民的不满，马来领袖呼吁组织政党。拿督翁成立巫统，反对马来联邦，维护马来人的利益。英当局决定让步，取消马来亚联邦，另起草对华人十分不利的《马来亚联合邦新宪制》，它严厉限制外来移民获得公民权，只有那些父母在马来亚出生，或在马来亚居住达 15 年，且能操英、巫语的人才能申请为公民。三是华人内部的分裂问题。当时华人社会力量分散，没有一方能代表整个华人社会，政见不一致，没法整合成为单一的利益诉求。

在这样的政治大环境下，陈祯禄以自己敏锐的政治嗅觉、及其特有的峇峇族群政治经验，加上他个人的圆融智慧，担当起领导马来亚华人争取利益的政治责任。

陈祯禄办公中

陈祯禄在会上发言

1945 年日军投降前，他创立了"海外华人协会"，担任主席，筹划在战后成立一个华人协会，以解决马来亚华人前途的问题。1947 年，新加坡中华总商会召开，讨论争取华人利益的问题，并邀请英驻马新最高行政专员麦唐纳出席。麦唐纳表示尊重华人的意见。但是，商联会不足以代表马来亚整个华人社会，于是华人社团代表接纳陈祯禄的提议，发动成立马来亚华人公会。

1948 年 6 月，马来亚共产党发动武装暴动，英殖民政府宣布实施紧急法令，华人处境非常艰难。当时华人成为英军与马共战争的"夹心人"，许多华人被英军扣禁，驱逐出境，甚至被英军和马共枪杀。华人乡区几十万华人的屋子连同财物被英军一把火烧掉，英军将他们赶出生活了几代的村子，集中在 450 个"华人新村"，并放言要将这些乡区华人集体遣送出境，华人命运陷于最低潮。为了拯救水深火热中的华人同胞，陈祯禄提出组织"马华公会"的建议，立刻得到全马各州华团的响应，各州华团纷纷召开联席大会支持成立马华公会。1949 年 2 月，吉隆坡华团在中

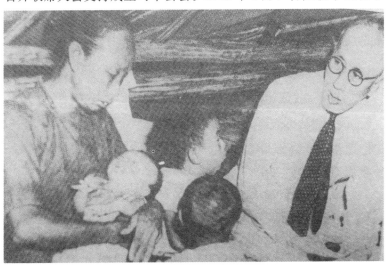

陈祯禄关心民众

华总商会的发函呼吁下，在雪兰莪中华大会堂举行联席大会，共有超过 50 个华团的近 200 名代表出席，发起成立马华公会。当时，担任联邦立法议会议员的 16 位华籍议员也成为发起人，超过 3000 名华人加入马华公会。1949 年 2 月 27 日马华公会正式成立，陈祯禄被选为总会长。1951 年，马华公会修改章程，从当初的福利组织变成为政治组织，与马来的巫统、印度的国大党结盟组成联合阵线，为争取马来西亚独立而奋斗。

起初，"马华公会"在联合阵线内有举足轻重的地位。1958年 3 月，代表革命派的林苍祐经投票当选为第二任会长。林苍祐祖籍为同安（现厦门高林社），先移民至新加坡，后搬至槟城。他曾任民国政府国防部部长陈诚的私人医生，后来任第二任槟城首席部长长达 21 年，有"槟城之父"的美誉。他接任"马华公会"会长后，锐意改革，争取华人地位，后与马来亚巫统东姑阿都拉曼出现意见分歧，最终在保守派压力下辞职。之后"马华公会"更多依附于巫统，与马来西亚华人社会渐行渐远。

林苍祐

林苍祐连任槟城部长

陈祯禄在创办马华公会过程中遭受了诸多挫折与危险，居功甚伟。一方面，他为华人争取国民的待遇。所有海外华人近百多年来之所以遭受当地的打压、驱逐，一言以蔽之就是没有国民身份，他花了最多时间和最大精力为华人争取到最根本的政治的权利。另一方面，他为马华做出政治定位，找到一个正确的发展方向，并形成了一套可行的斗争策略和经验。马华不仅取得了英国信任，同时也与巫统形成合作与联盟，为马来西亚三大种族建立政治认同与整合利益，建立一个种族多元的社会做出了贡献。

第三节　马来西亚"独立之父"

马来亚从 16 世纪开始，相继遭到葡萄牙、荷兰等国的侵占。1786 年英国入侵，20 世纪初完全沦为英国殖民地。1942 年日本占领马来亚，激起当地人民的英勇抵抗。日本投降后，英国又在马来亚恢复殖民统治。1946 年 4 月，英国玩弄"分而治之"的阴谋，把新加坡从马来亚划分出来，成为单独的"直辖殖民地"，并于 1948 年 2 月成立"马来亚联合邦"，联合邦的一切统治权由英王委任高级专员掌握，

陈祯禄与国父东姑阿都拉曼

并对马来亚人民实行高压统治。1955 年，英国宣布马来亚实行"部分自治"。1957 年 8 月，英国同意"马来亚联合邦"在英联邦内独立，此日便成马来亚独立日。1963 年 7 月 9 日，英国、马来亚、新加坡、沙捞越和沙巴在伦敦签署关于成立马来西亚的协定。9 月 16 日，马来西亚宣告成立。1965 年 8 月 9 日新加坡退

出，成立了新加坡共和国。

在马来西亚争取独立的过程中，陈桢禄做出了杰出的贡献。早在1926年陈桢禄还是海峡殖民地立法委员时，就已经提出了马来西亚自治的理想。他在会议中说："我们的最终目标，是一个团结的独立的马来亚自治邦，有联邦政府，有国会，有行政中心，让本地人自治。应当培养马来西亚精神和意识，以完全消除种族和社群的隔阂。"这样的言论，在殖民地时期是十分大胆的。后来，人们形容他是一个马来西亚独立的预言家和创造者。

1942年，日本侵略马来亚，陈桢禄举家流寓印度南部的班加罗尔。他开始研究和撰写关于马来亚前途的文章，1974年这些文章编印成书，即《马来亚问题》。

1946年6月，陈桢禄从印度流亡归来。这时，英军已经重新占领了马来亚，并设立了军政府，负责马来亚和新加坡的接收和行政事宜，并且推出了马来亚联邦的计划，将原先属于马来联邦和马来属邦的苏丹国，加上槟城和马六甲，合组一个英国的海外领地，并在数年后独立，而新加坡将成为英国皇家殖民地。这个计划还规定，所有在新马出生的，或者在马来亚联邦公民权制定之前，已经在此居住至少十年的，都将获公民权。马来亚联邦方案遭到马来人强力反对。同年3月，在柔佛首席部长奥恩·加法尔的领导下，马来人组织成立了巫人联合统一机构。巫统反对英吞并新加坡，抗议非马来人能在较宽的条件下获得公民权，坚持建立由马来人掌管的独立马来亚。

陈桢禄在民众中

　　陈桢禄在 1947 年的 11 月 20 日发动罢市行动，为华人争取公民权。在此期间，他还和马来亚国父东姑阿都拉曼一起到英国，与英国政府进行关于马来亚独立的谈判，阻止新加坡成为英国的殖民地。

　　1948 年 2 月 1 日，在马来人的反对下，英政府成立马来亚联合邦。协议放弃了平等公民权的计划，规定凡在联邦出生并在申请前的 12 年中，曾在马来亚住满 8 年，或在马来亚境外出生，但在申请前的 25 年中，曾在马来亚住满 15 年，品行良好，有足够的马来语和英语知识，准备效忠马来亚联邦者，可申请为公民。这个严苛的规定，普遍引起了华人的抗议。于是华人们在陈桢禄的领导下组成了"泛马联合行动委员会"，和马来民族主义的左翼力量"人民力量"组成联盟，推出《人民宪法》，要求对所有生活于此，并宣誓效忠马来亚联邦的人民授予公民权，享受平等的权益。

陈祯禄宣讲中

1948 年，马来亚共产党组织暴动，英国殖民政府宣布进入紧急状态，并准备将华侨华人驱逐回国。英国对华人采取经济和政治的限制，并将居住在森林边缘、散居乡间或矿区的华人集中到位于马共势力范围外的"新村"，以切断马共和他们的联系。1949 年，陈桢禄成立了"马来亚华人同盟"（即后来的马华公会），第一项工作就是关照 600 多个新村内的 60 万华人。当时，陈桢禄在英国当局和华人之间协调，做了大量的工作。他呼吁华人效忠马来亚政府，协助华人在新村重建家园，并说服马来人，赋予华人平等的权利和义务。

1949 年至 1958 年，陈桢禄领导马华与巫统合作，结成华巫联盟，参加全国各州的市议会选举，进而召开 9 次圆桌会议，探讨联合邦选举细则，为争取英国上下议院支持马来亚独立铺路；成立全国国民大会委员会，修改联合邦宪法，并召开第一、二次全国国民大会，通过《立法议会选举细则》与《修改宪法报告书》。1956 年，巫统、马华公会、印度人国大党和英国共同制定一部宪法草案，承认所有民族享受平等的公民权。1957 年 8 月，英国认可"马来亚联合邦"，东古阿卜杜勒·拉赫曼成为独立的马来亚的第一位总理。

陈桢禄推动马华与巫统合作

1960 年 12 月 13 日，陈祯禄因病去世，享年 77 岁。马来亚政府为表彰其功绩，为他举行了国葬。马来亚的国父东姑阿都拉曼在陈祯禄的追悼会上说："如果没有敦陈当时给我那种极大的支持，我所领导的争取独立的使命将无法完成，或者须付出流血和不安的代价。无论以何种角度看，敦陈祯禄是一个杰出的人。他是一个饱学之士，一个成功的商人，一个能干的政治家，一个献身社会人群的人，同时，也是一个卓越的爱国主义者。"在演词中，东姑将陈祯禄誉为马来亚的"独立之父"。

陈祯禄是个峇峇，在特殊的家庭和历史环境中，他只会英文，而不懂得华文，但却读孔子、孟子、老子等书的英译本。他以自己是中国人的后裔为荣。他说，哪怕是大洋的海水，也冲淡不了我体内中国人的血。作为一个峇峇，他对马来人也充满了情感。马华第一任秘书陈建基说，"敦陈了不起的地方，是能把各族人民团结起来，成功争取马来西亚的独立"。从今天的角度来看，他是一个具有文化自觉的政治家，他认为华人和马来人是命运的共同体，都是马来亚这个国家的国民，应当共同来争取这个国家美好的未来。可以说，他是一个践行人类命运共同体理念的先行者。

第十章 华侨旗帜，民族光辉

华侨在南洋谋生，时常受到歧视、欺压和排挤，甚至有生命危险。他们怀念故土，希望祖国强大、家乡富足，从而使他们在侨居地的地位得到改善，因此，事业发达者或稍有积蓄的，就会不遗余力回馈家乡。一方面，他们认为只有兴办实业才能使国家富强，因而热心参与家乡的经济建设，积极回国投资，对家乡的经济发展起到很大的促进作用；另一方面，他们以在故乡捐办公益事业为荣，捐赠、捐建

陈嘉庚

的学校、医院，以及救灾、筑路、修桥、慈善、文化、艺术、体育等项目比比皆是，促进家乡的社会公共事业和福利事业的发展兴盛。

华侨旗帜 民族光辉

陈 嘉 庚

毛泽东为陈嘉庚题词

闽南侨胞热爱故土、造福桑梓，涌现出黄奕住、林文庆、陈嘉庚、庄西言、李清泉、李光前等爱国华侨领袖，其中陈嘉庚被

毛泽东主席誉为"华侨旗帜，民族光辉"，以"嘉庚精神"为代表的华侨精神传递着爱国主义、崇尚教育、诚毅果敢、艰苦奋斗的内涵，被一代代华侨广为传颂。

第一节　兴办实业

陈嘉庚（1874—1961），杰出的企业家、教育家、社会活动家，侨界的一代领袖和楷模。他出生于福建同安县集美社（现厦门市集美区），父亲陈杞柏早年南渡新加坡经商。1890 年，陈嘉庚前往新加坡学习经商，经历了父亲实业由鼎盛到衰败的历程，决心重新创业。1904年，他集资叻币 7000 多元创设"新利川"菠萝罐头厂，又接管了一个经营菠萝罐头的日新公司，并创办福山黄梨园、谦和米店，增设日春黄梨罐头厂，与人合办恒美熟米厂。1906 年，陈嘉庚的福

青年陈嘉庚

山黄梨园开始经营橡胶种植业，初步探索种植橡胶。此时其"苏丹"牌菠萝罐头营销量占全埠之半，赢得了"菠萝苏丹"的美称。1914 年，第一次世界大战爆发，陈嘉庚果断决定经营航运业，租轮船四艘，并兼营白铁买卖。后购进 3000 吨的"东丰号"轮船一艘和 3750 吨的"谦泰号"轮船一艘，同时逐渐将黄梨种植园改为橡胶种植园，将黄梨罐头厂和熟米厂改为橡胶制造厂。1919 年，他整合原有企业，组建了陈嘉庚公司，并率先实现橡胶的种植、生产、销售一条龙，被称为东南亚的"橡胶大王"。到1925 年，陈嘉庚已拥有橡胶园 1.5 万英亩（约 60.7 平方千米），分销店遍布五大洲大埠 100 多处，米厂、木材厂、冰糖厂、饼干

厂、皮鞋厂等厂房 30 多处，雇佣职工 3 万余人，资产达叻币
1200 万元，从而确立其南洋华商的领袖地位。

陈嘉庚在马来亚的公司

1926 年起，在荷兰、日本胶制品倾销及 1929 年开始的世界
经济危机的沉重打击下，陈嘉庚的资产损失过半，于 1931 年 10
月将企业改组为陈嘉庚有限公司。1934 年 2 月因不愿接受汇丰银
行对该公司的垄断，宣告收盘停业。

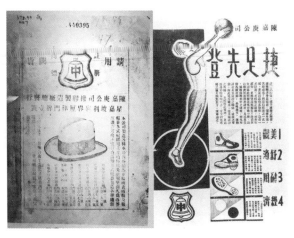

陈嘉庚公司的产品广告

第二节 支持革命

陈嘉庚虽身处南洋，但一直心系祖国，积极支持中国国内的革命活动。1910 年，他当选新加坡中华总商会第六届委员会协理、道南学堂第三届总理。受孙中山资产阶级民主革命思想影响，他加入了中国同盟会新加坡分会。1911 年，陈嘉庚当选新加坡福建保安捐款委员会主席，领导闽侨积极筹款支持福建革命政府。

南侨总会主席陈嘉庚在会上讲话

南侨总会证书

陈嘉庚看到日本侵略中国野心勃勃，早在 1923 年就在自己创办的《南洋商报》上号召抵制日货，开始抗日救国活动。1928 年日本制造济南惨案后，他领导华侨社会开展抗日救亡运动。1937 年全面抗战爆发后，南洋华侨群情激愤。10 月，陈嘉庚成立"马来亚新加坡华侨筹赈祖国伤兵难民大会委员会"，准备进行持久而大量的筹款。1938 年 10 月，在菲律宾著名侨领李清泉和印尼侨领庄西言协助下，他联络南洋各地华侨，在新加坡成立"南洋华侨筹赈祖国难民总会（南侨总会）"，被推举为主席。在陈嘉庚的有力组织和带头捐款的带动下，在短短三年多的时间内便筹得约合 4 亿余元国币。此外，陈嘉庚还组织各地筹赈会为前方将士捐献寒衣、药品、卡车等物资，并且在新加坡和重庆投资设立制药厂，直接供应药品等。1938 年 11 月 2 日，陈嘉庚在重庆《中央日报》上公开发表著名提案："日寇未退出我国土之前，凡公务员对任何人谈和平条件，概以汉奸国贼论。"1939 年，他应国内之请代为招募 3200 余位华侨机工（汽车司机及修理工）回国服务，在新开辟的滇缅公路上抢运中国抗战急需的战略物资。

南侨总会主席团

1940 年，南洋华侨回国慰劳团走访了重庆、延安等地，并发表演讲，盛赞中共领导的陕甘宁边区的新气象，认为"中国的希望在延安"。1941 年，日本攻占南洋，陈嘉庚避居印尼爪哇，1945 年返回新加坡。

南侨总会主席陈嘉庚组织慰劳团回国

1946 年，内战爆发后，陈嘉庚反对美国援助蒋介石，以南侨总会主席的名义致电美国总统和国会表示抗议。1947 年，他又组织"新加坡华侨各界促进祖国和平民主联合会"（简称"民联社"），积极声援民主党派制止内战的斗争。1948 年 5 月，陈嘉庚致电响应中共中央召开新政治协商会议和成立联合政府的建议。1949 年，他应毛泽东主席邀请，作为华侨首席代表，出席中国人民政治协商会议第一届全体会议及中华人民共和国的开国大典。1950 年 9 月，陈嘉庚回到家乡集美定居。新中国成立后，陈嘉庚曾任中央人民政府委员、华侨事务委员会委员、华东军政委员会委员、全国侨联主席等职。

第三节　倾资兴学

陈嘉庚是一位伟大的爱国者，也是一位名副其实的教育家。1919 年 6 月，他在新加坡南洋华侨中学演讲时说："能输吾财，令子贤孙，何须吾富。"他一生生活俭朴，但兴学育才则竭尽全力，办学时间之长，规模之大，毅力之坚，为中国及世界所罕见。

早在 1894 年，陈嘉庚就在家乡集美捐献 2000 银元创办惕斋学塾。1913 年起，他又陆续办起集美小学、集美中学、集美师范、集美水产、航海学院以及商业、农林等校共十所，另设幼稚园、医院、图书馆、科学馆、教育推广部。1921 年 2 月，陈嘉庚整合集美各校，统称"集美学校"。1923 年，经孙中山"大元帅大本营"批准"承认集美学校为中国永久和平学村"，"集美学村"由此得名。1930 年，集美被誉为"闽南教育之中心""东南文化之中枢"。

1921 年，陈嘉庚开始筹办厦门大学，认捐开办费 100 万元，常年费分 12 年付款，共 300 万元，其实当时他所积存的资产也仅

集美小学的木质校舍

集美学校

有 400 万元。1921 年 4 月 6 日，厦门大学在五老峰下正式开学，设师范部（文、理两科）和商学部。到了 1926 年，已发展到文、理、法、商 4 个学院 9 个系，是当时全国唯一一所华侨独资创办的大学，也是全国院系最齐全的五所大学之一，被誉为"南方之强"。后来世界经济不景气，陈嘉庚公司濒临绝境，他为了维持厦大的办学经费，不惜变卖三座大厦，独力维持厦大办学16年，直到1936年企业破产，才请国民政府收为国立大学。

20世纪20年代初的厦门大学群贤楼群

在承担集美、厦大两校庞大开支的同时，陈嘉庚还于1921年联络新加坡华侨，组织同安教育会，支持同安县创办40多所小学。1924年，陈嘉庚把同安教育会改为集美学校教育推广部，至1935年，先后补助福建省20个县市的73所中小学，补助总额达19.3万银元。

在侨居地，陈嘉庚竭力倡办华文学校。1915年，他在新加坡捐资创办崇福女校，1919年又捐资3万元创建南洋华侨中学，这是当时南洋地区华侨中的最高学府。1947年3月，他又创办了南侨师范和南侨女中等学校。

1961年8月12日，陈嘉庚病逝于北京，享年87岁。周恩来总理、朱德委员长参加了追悼会，之后安葬于家乡集美鳌园。陈嘉庚一生著有《南侨回忆录》

新加坡南洋华侨中学

《南侨正论集》《住屋与卫生》《民俗非论集》《新中国观感集》等专著。他一生用于办学的款项约一亿美金，创立和资助海内外学校118所。在他的倡导下，有能力的华侨纷纷捐资兴学，蔚然成风，影响极为深远。1990年3月11日，国际小行星中心和小行星命名委员会把2963号小行星命名为"陈嘉庚星"。2015年9月，陈嘉庚的长孙陈立人作为陈嘉庚的家属代表，获颁"中国人民抗日战争胜利70周年纪念章"。

陈嘉庚遗体安葬仪式在集美鳌园举行

第四节　携手并肩

在陈嘉庚挺身而出时，有一些闽南华侨领袖与他团结一致、携手并肩，以强烈真挚的爱国热情，与祖国人民共赴国难，投身支援家乡建设，黄奕住、林文庆、庄西言、李清泉、李光前就是其中代表。

黄奕住（1868—1945）出生于福建省泉州市南安县，爱国华侨企业家和社会活动家，有"印尼糖王"之称。1884年，黄奕住

黄奕住

抱着出外谋生闯世界的想法，随一批同乡人下南洋，从一名剃头匠、肩挑小贩、市场摊位主，到拥有商店，创建"日兴行"经营蔗糖。1917年，他的资本扩大到1500万印尼盾。1919年4月，黄奕住回国定居鼓浪屿。1921年，他在上海创办了中南银行，这是当时全国可以发行钞票的3家银行之一。居住在鼓浪屿上的黄奕住，为厦门的建设做出了很大的贡献。他投资建设了厦门最早的自来水公司、电话公司、电灯公司等，还投资"黄聚德堂房地产股份公司"。黄奕住在鼓浪屿上的故居——黄家花园，当年还被誉为"中国第一别墅"。

黄奕住还热心文教公益福利事业，他先后在厦门、南安，以及新加坡、印尼等地建造学校、医院、图书馆等。陈嘉庚先生创办厦门大学时，黄奕住鼎力资助，后又捐赠厦门大学图书设备。为了纪念和表彰他热心教育的义举，厦门大学群贤楼一楼刻下了"黄君奕住，慷慨相助，有益图书，其谊可著"的石碑文，这一碑文至今仍完好地保存在那里。

厦门自来水公司办事处

林文庆（1869—1957），字梦琴，福建海澄县人（一说为现厦门市海沧区鳌冠村人），生于新加坡华侨家庭，幼年父母双亡，由祖父抚养成人。1887年，林文庆获得英女皇奖学金进入英国爱丁堡大学医学院，是获得该项奖学金的第一个中国人。1893年，林文庆回到新加坡开业行医，很快就成为著名医生。1896年，他还将巴西橡胶成功引种到南洋，开办了马来亚第一家树胶种植

厦门大学校园内的林文庆雕像

园，被陈嘉庚尊为"南洋橡胶之父"。1919年，他与爪哇糖王黄仲涵以及著名商人黄奕住等组建"华侨银行"，并担任主席。翌年集资创办"和丰银行"和"华侨保险有限公司"，成为新马华人金融业的先驱。林文庆支持中国的维新变法和民主革命。1906年，他加入同盟会，1912年任孙中山的秘书和医生，旋又任临时政府内务部卫生司长（实为总长），1916年出任临时政府外交部顾问。

1921年7月，林文庆接受陈嘉庚的聘请，辞掉一切职务，到厦门大学担任校长。他在厦大任职16年，院系组织、课程设置以及教授的延聘，都参照欧美大学而改进。他用《大学》中的"止于至善"四个字作为厦大的校训，以培养学生"人人为仁人君子"，使厦大成为全国闻名的立案私立大学。1934年，陈嘉庚公司宣告破产，厦门大学也濒于关闭，他只身南渡，筹募经费20万元，使厦大渡过难关。1937年厦大改为国立，林文庆才辞职回新加坡。

庄西言（1885—1965），又名西园，福建南靖县奎洋镇霞峰村人。3 岁丧父，6 岁母亲改嫁，由叔父抚养成人。1904 年，庄西言出洋到荷属东印度巴达维亚（雅加达），先在族亲店中当伙计，1910 年与人合资经营"三美公司"，专营进口布匹，经多年奋斗，终于富甲一方。庄西言在经商的同时，以满腔热情为华侨服务，并热衷于支持家乡公益事业，曾任雅加达中华总商会会长、福建会馆馆长。1937 年 7 月"卢沟桥事变"爆

庄西言

发，庄西言一再向陈嘉庚建议，组织南洋华侨赈济总机构。1938 年 10 月，"南洋华侨筹赈祖国难民总会"正式成立，庄西言为副主席，领导全印尼华侨抗日救国行动。日本占据南洋后，为了保护陈嘉庚等爱国侨领，庄西言被日寇关押 3 年 4 个月，直至日军投降才获释。

李清泉（1888—1940），原名回全，出生于福建省晋江县金井镇一华侨家庭。他 13 岁被父亲带到菲律宾，19 岁接手其父的"成美木业公司"，致力于木材行业，获"菲律宾木材大王"的称号。他率先创办菲律宾第一家商业银行，又极力动员有识之士兴办银行，被称为"菲律宾经济发展史上占有永久地位的人"。九一八事变后，李清泉组织起"国难后援会"并任主席，随即筹集巨款资助淞沪抗战和东北义勇军，后召集各界侨领共商

李清泉

航空救国事宜，成立"中国航空建设协会菲律宾分会"，购机十五架，命名为菲律宾华侨飞机队。七七事变后，李清泉先生立即召集菲律宾各埠侨领，成立"菲律宾华侨抗敌委员会"，并致函陈嘉庚先生建议成立南洋华侨筹赈总机关，后任"南侨总会"副主席，组织菲律宾捐款数目为南洋各属华侨之冠。1940年，李清泉病逝，菲律宾政府下半旗志哀。

李光前（1893—1967），原名玉昆，南安梅山镇人。新加坡著名华侨实业家、慈善家、教育家。李光前出身贫寒，年幼时在故乡读私塾，10岁到新加坡就读，1908年获公费入南京暨南学堂学习，后转入北京清华高等学堂，学业完成后重返新加坡，任教于道南、养正学堂，兼任《叻报》电讯翻译。李光前早期加入同盟会，后来与陈嘉庚的长女陈爱礼结婚。1928年，李光前创办

李光前

南益橡胶公司。在艰苦创业与发展中，他形成了一套融中西文化精粹于一体的经营之道，经过30多年的努力，企业遍布东南亚，成为新马工商界的杰出人物。他怀着"取诸社会、用诸社会"的宗旨，把经营所得倾心献给文化教育事业，数十年如一日，呕心沥血，为侨居国和祖国的文化教育事业做出了可贵的贡献。

庄希泉（1888—1988），生于厦门，祖籍安溪。早年就读于厦门东亚书院和清朝举人所设学馆。1906年起在上海经商，1912年任中华实业银行南洋总分行协理，并追随孙中山在马来亚参加同盟会。1916年在新加坡创办中华国货公司，1917年创办南洋女校。抗日战争和解放战争期间奔走于菲律宾、印度尼西亚、香港和中国大陆之间，从事革命工作，曾三次被捕入狱。1955年协

庄希泉与夫人余佩皋

助陈嘉庚创办全国侨联，后任副主席，为新中国侨务工作开创了新的局面。陈嘉庚病逝后任全国侨联代主席，第二届中国侨联主席，第五、六届全国政协副主席，华侨大学董事长，华侨历史学会会长。是继陈嘉庚之后又一位在华侨界享有著名声望的华侨领袖，为毛泽东、周恩来、邓小平党和国家领导人所敬重。

主要参考文献

［1］曾玲.东南亚的"郑和记忆"与文化诠释［M］.黄山书社，2008.

［2］陈达生.郑和与马来亚［M］.文化馆与国际郑和学会，2015.

［3］曾衍盛.青云亭个案研究社［M］.罗印务（马）有限公司，2011.

［4］王琛发.为万世开太平·陈祯禄思想国际研讨会论文集［C］.马发公会中央党校，2007.

［5］郭瑞明.厦门侨乡［M］.鹭江出版社，1998.

［6］林少川.陈嘉庚与南侨机工［M］.中国华侨出版社，1994.

［7］涂志伟.明代厦门湾、月港的海上贸易［C］.人与海洋论文集，2019.

［8］陈耕.闽南海洋历史文化初探［C］.人与海洋论文集，2019.

［9］郑炳山.海外华侨对闽南文化的影响［M］.闽南文化研究，2003.

［10］庄国土.论中国人移民东南亚的四次大潮［M］.南洋问题研究，2008.

后 记

　　闽南人天生具有海洋冒险精神，很早就辗转于南洋之间，构建起海外华商贸易网络，促进了中国沿海及东南亚近代海洋事业的崛起。传承闽南海洋历史文化，弘扬华侨爱国爱乡的精神，促进闽南与东南亚在文化上的认同和情感的沟通，为构建21世纪海上丝绸之路尽一份力，是撰写本书意旨之所在。

　　本书分为十章，以历史为经线，以人物为纬线，立足闽南，突出厦门，讲述从古至今闽南人下南洋的历史事件，介绍闽南重要的南洋华侨群体和著名的华侨人物。

　　本书在闽南文化专家、厦门市非物质文化遗产专家组组长陈耕老师主持下撰写，得到了马来西亚侨生公会总会、厦门市闽南文化研究会等单位的大力协助和许多老师的精心指导，谨此一并致以衷心感谢。

蔡亚约

2020 年 4 月

图书在版编目（CIP）数据

闽南人下南洋 / 蔡亚约著；厦门市思明区文化馆，厦门市闽南文化研究会编. —厦门：鹭江出版社，2020.8
（思明记忆之厦门海洋历史文化丛书）
ISBN 978-7-5459-1794-9

Ⅰ.①闽… Ⅱ.①蔡… ②厦… ③厦… Ⅲ.①华侨—历史—福建 Ⅳ.①D634.3

中国版本图书馆 CIP 数据核字（2020）第 146990 号

思明记忆之厦门海洋历史文化丛书
厦门市思明区文化馆
厦门市闽南文化研究会　　编

MINNANREN XIANANYANG
闽南人下南洋
蔡亚约　著

出版发行：鹭江出版社
地　　址：厦门市湖明路 22 号　　　　邮政编码：361004
印　　刷：厦门集大印刷厂
地　　址：厦门市集美区环珠路　　　　电话号码：0592－6183035
　　　　　256-260 号 3 号厂房一至二楼
开　　本：890mm×1240mm　1/32
插　　页：2
印　　张：5.25
字　　数：127 千字
版　　次：2020 年 8 月第 1 版　　　2020 年 8 月第 1 次印刷
书　　号：ISBN 978-7-5459-1794-9
定　　价：46.00 元